CELME FARIAS MEDEIROS

Meus primeiros passos
Nova Edição
Letras e números
MATERNAL

Editora do Brasil

Dados Internacionais de Catalogação na Publicação (CIP)
(Câmara Brasileira do Livro, SP, Brasil)

Medeiros, Celme Farias
    Meus primeiros passos : letras e números : maternal / Celme Farias Medeiros ; [ilustrações Carolina Sartório, Eduardo Belmiro, Hiro Kawahara]. -- 4. ed. -- São Paulo : Editora do Brasil, 2015.
      ISBN 978-85-10-05875-9 (aluno)
      ISBN 978-85-10-05878-0 (professor)
      1. Aprendizagem perceptivo-motora (Educação infantil)
2. Capacidade motora (Educação infantil) - Atividades e exercícios
3. Alfabetização (Educação infantil) 4. Números (Educação infantil)
I. Sartório, Carolina. II. Belmiro, Eduardo. III. Kawahara, Hiro. IV. Título.
15-03308   CDD-372.21

Índices para catálogo sistemático:
1. Aprendizagem perceptivo-motora : Educação infantil : Educação 372.21
2. Atividade psicomotores : Educação infantil : Educação 372.21
3. Psicomotricidade : Aprendizagem : Educação infantil 372.21

© Editora do Brasil S.A., 2015
Todos os direitos reservados

Direção-geral: Vicente Tortamano Avanso
Direção adjunta: Maria Lucia Kerr Cavalcante de Queiroz

Direção editorial: Cibele Mendes Curto Santos
Gerência editorial: Felipe Ramos Poletti
Supervisão editorial: Erika Mendes Caldin
Supervisão de arte, editoração e produção digital: Adelaide Carolina Cerutti
Supervisão de direitos autorais: Marilisa Bertolone Mendes
Supervisão de controle de processos editoriais: Marta Dias Portero
Supervisão de revisão: Dora Helena Feres
Consultoria de iconografia: Tempo Composto Col. de Dados Ltda.

Coordenação de edição: Carla Felix Lopes
Assistência editorial: Juliana Pavoni e Monika Kratzer
Auxílio editorial: Natália Santos
Coordenação de revisão: Otacilio Palareti
Copidesque: Ricardo Liberal
Revisão: Alexandra Resende e Elaine Fares
Coordenação de iconografia: Léo Burgos
Pesquisa iconográfica: Léo Burgos e Paula Dias
Coordenação de arte: Maria Aparecida Alves
Assistência de arte: Leticia Santos
Design gráfico e capa: Patrícia Lino
Imagem de capa: Ideário Lab
Ilustrações: Alias Ching/Shutterstock (vinheta Cante), Carolina Sartório, DAE (Departamento de Arte e Editoração), Daniel Klein, Eduardo Belmiro, Hiro Kawahara, Imaginario Studio, lilipom/Thinkstock/iStockphoto.com (textura de recorte), Marcos Machado, Marilia Pirillo
Coordenação de editoração eletrônica: Abdonildo José de Lima Santos
Editoração eletrônica: Gabriela César
Licenciamentos de textos: Cinthya Utiyama, Paula Harue Tozaki e Renata Garbellini
Coordenação de produção CPE: Leila P. Jungstedt
Controle de processos editoriais: Beatriz Villanueva, Bruna Alves, Carlos Nunes e Rafael Machado

Os poemas **As borboletas**, **A cachorrinha** e **A pulga**, de autoria de Vinicius de Moraes, foram autorizados pela VM EMPREENDIMENTOS ARTÍSTICOS E CULTURAIS LTDA., além de: © VM e © CIA. DAS LETRAS (EDITORA SCHWARCZ).

4ª edição / 6ª impressão, 2024
Impresso na Pifferprint

Avenida das Nações Unidas, 12901
Torre Oeste, 20º andar
São Paulo, SP – CEP: 04578-910
Fone: +55 11 3226-0211
www.editoradobrasil.com.br

APRESENTAÇÃO

Criança,

Este livro foi feito para você com muito carinho.

Nele, você encontrará diversas brincadeiras, histórias engraçadas, desenhos para colorir, letras e números para conhecer... Enfim, tantas coisas para você aprender e fazer enquanto se diverte!

Faça as atividades com dedicação e capricho.

Espero que você goste de tudo!

A autora

CURRÍCULO DA AUTORA

Celme Farias Medeiros

- Licenciada em Pedagogia.
- Especializada em Pedagogia aplicada à Música, à Harmonia e à Morfologia.
- Professora do Ensino Fundamental das redes particular e pública por vários anos.
- Professora de curso de formação de professores do Ensino Fundamental.
- Autora de diversos livros didáticos nas áreas de Educação Infantil e Ensino Fundamental.

Para Anderson Celso com muito carinho.

Letras

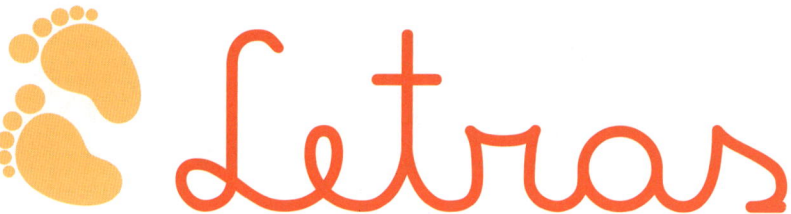

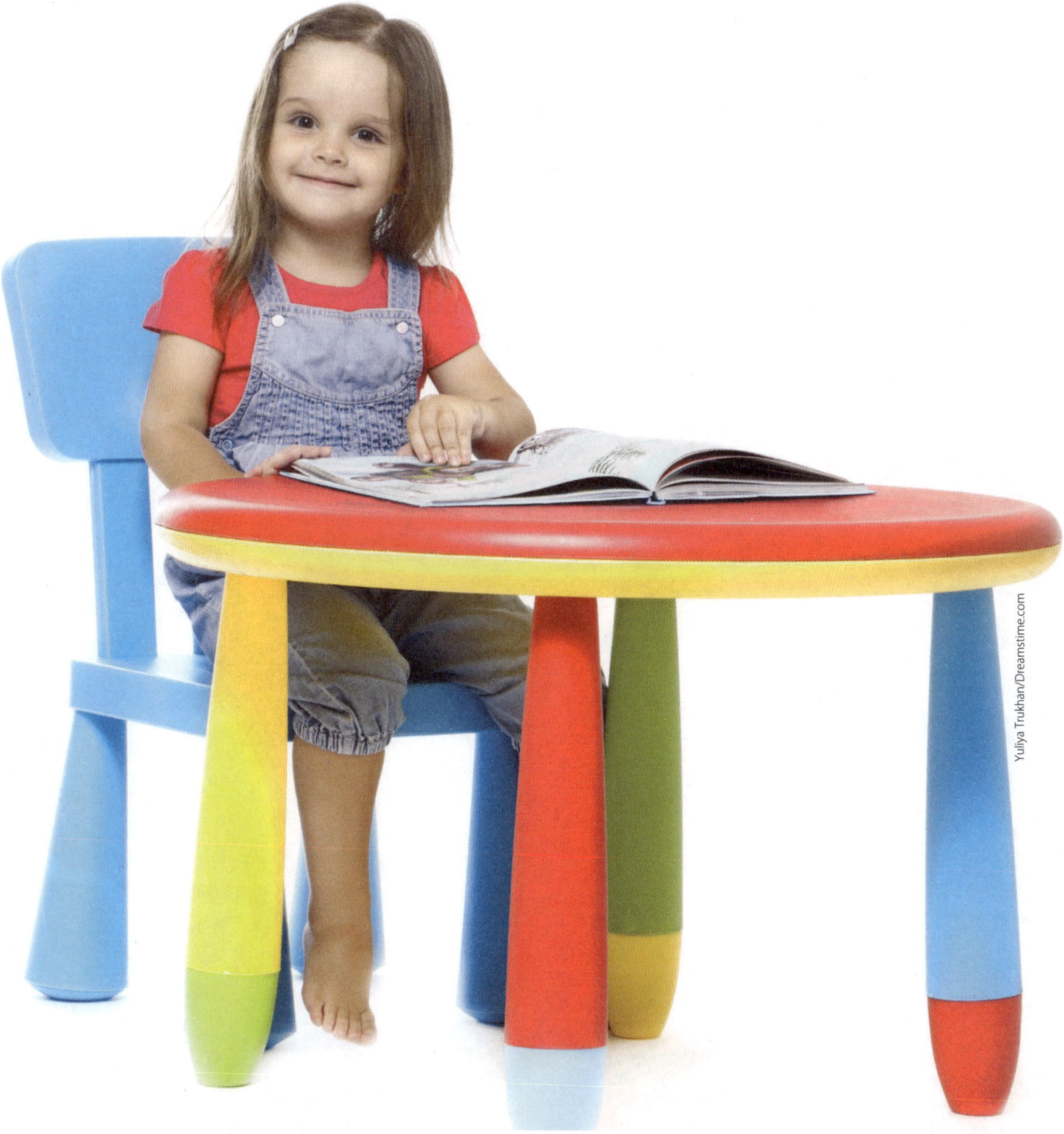

Yuliya Trukhan/Dreamstime.com

SUMÁRIO

Coordenação motora 7
Recreação 27
A letra a 39
A letra e 47
A letra i 55
A letra o 63
A letra u 71
Revisão das vogais 79
União das vogais 87

COORDENAÇÃO MOTORA

O gato estava dormindo.
A bola veio rolando, rolando, e parou bem na sua frente. [...]

Elza Cesar Sallut. **Sabe onde a bola foi parar?** São Paulo: Scipione, 2002.

O que aconteceu depois? Será que o gato acordou?
Desenhe o caminho que a bola fez até chegar perto do gato.

O que é, o que é?
Cai em pé
E corre deitado.

Adivinha.

Com giz de cera , pinte as nuvens e cubra o tracejado da chuva que cai delas.

Cante

Pela estrada afora, eu vou bem sozinha
Levar estes doces para a vovozinha! [...]

Chapeuzinho Vermelho (Pela estrada). João de Barro. Todamérica Edições Ltda./ADDAF.

Esta menina é a Chapeuzinho Vermelho. Ela vai para a casa da vovó, que fica no meio da floresta.

Leve Chapeuzinho Vermelho pelo caminho sem encostar nas pedras. Use canetinha hidrocor.

Cante

[...] Ela mora longe, o caminho é deserto
E o lobo mau passeia aqui por perto! [...]

Chapeuzinho Vermelho (Pela estrada). João de Barro. Todamérica Edições Ltda./ADDAF.

No caminho para a casa da vovó estava o Lobo Mau.
Pinte o caminho com giz de cera 🖍 para levar Chapeuzinho Vermelho até a casa da vovó, desviando do lobo.

Na história da Bela Adormecida, o príncipe vai ao castelo para salvá-la.

Com giz de cera, trace o caminho que ele fez até o castelo.

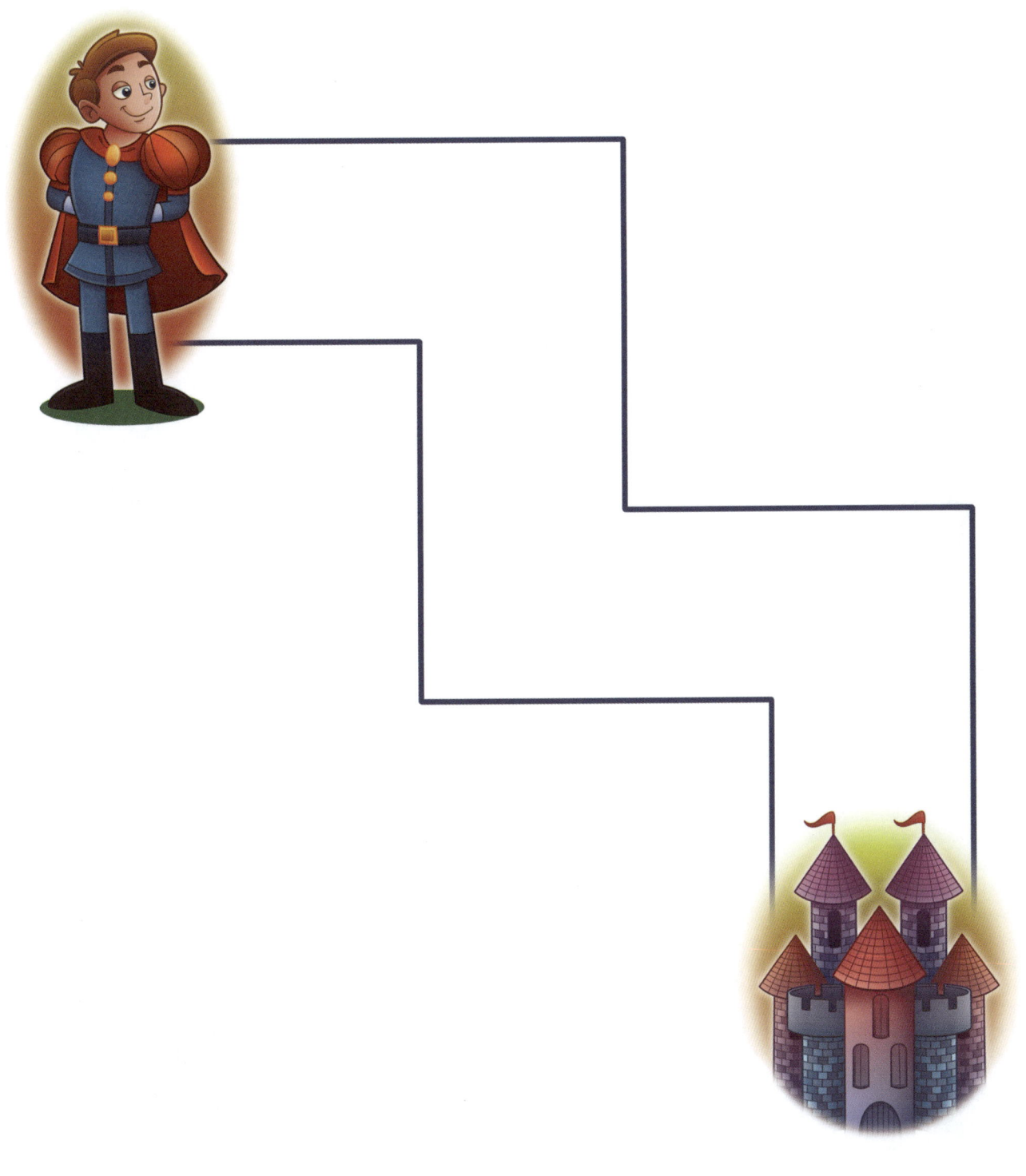

Era uma vez três porquinhos espertos. Cada um fez uma casinha diferente para morar.

Use cola colorida para cobrir o caminho que leva cada porquinho à casinha dele.

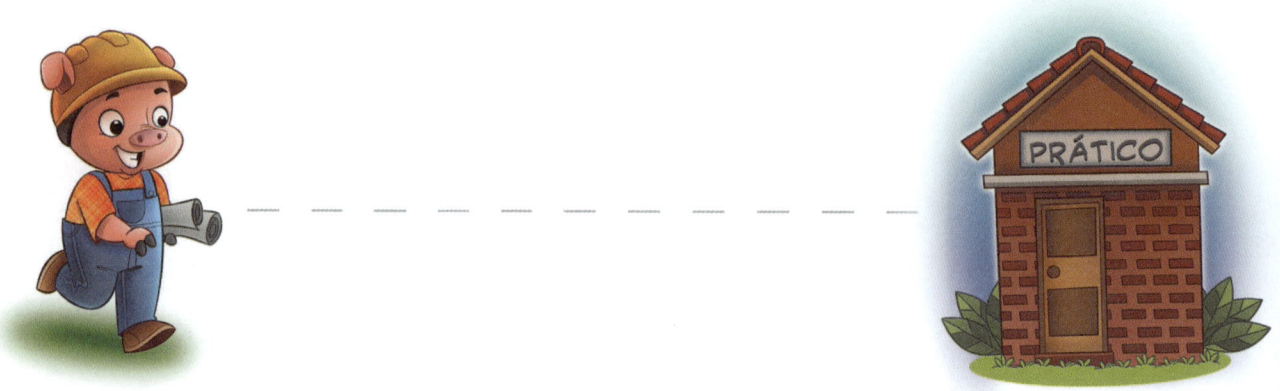

Cante

A canoa virou

A canoa virou
Foi pro fundo do mar
Foi por causa da menina
Que não soube remar.

Se eu fosse um peixinho
E soubesse nadar
Eu tirava a menina
Lá do fundo do mar.

Cantiga.

Pinte a canoa e faça as ondas do mar cobrindo os tracejados com giz de lousa molhado.

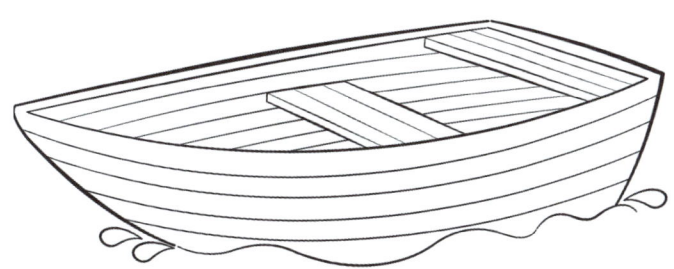

Recorte a imagem seguindo o tracejado. Depois, cole-a em uma folha à parte, montando a figura.

[...]
E tem a bola de gude
Pra treinar a pontaria
Brincar com bola de meia
Mas que grande alegria! [...]

Ana Raquel Campos. **Brinquedos populares: cordel infantil**. 2. ed. Recife: Folhetaria Campos de Versos, s/d. p. 5.

Cubra os tracejados e pinte as bolinhas de gude com giz de cera. Use uma cor para cada bolinha.

Complete a figura da flor. Depois, desenhe seu caule e dê a ela um bonito colorido.

Filho de peixe, peixinho é.

Ditado popular.

Com giz de cera, ligue cada mamãe a seu filhote.

Chote era um ratinho esperto e corajoso. Um dia, ele saiu bem cedo para buscar comida.

– Estou com fome – disse o ratinho.

Andou pela casa, farejou, farejou:

– Que sorte, achei um pedaço de queijo! [...]

Nye Ribeiro. **Pega esconde**. São Paulo: Editora do Brasil, 2012. p. 4.

Com sua canetinha hidrocor predileta, leve o ratinho Chote até o pedaço de queijo, desviando dos obstáculos.

Cante

A, A, A, minha abelhinha
A, A, A, minha abelhinha
Ah que bom seria
Se tu fosses minha!
Ah que bom seria
Se tu fosses minha!

Cantiga.

A abelha está procurando o caminho de volta à colmeia. Ajude-a cobrindo o tracejado do voo dela.

Bóris, o caracol, lustrou sua casinha e resolveu mostrá-la aos amigos. [...]

Yara Najman e Zoraide de Souza. **Bóris, o caracol na cidade das formas**. São Paulo: Nova Espiral, 2011. p. 5.

Com seu dedo, faça no ar o movimento que imita o traçado da casinha do caracol. Depois, use lápis de cor para cobrir o tracejado da casinha de Bóris.

[...]
Os carrinhos eram feitos
A partir da lata usada
Nas embalagens de óleo
Ou de doce goiabada [...]

Ana Raquel Campos. **Brinquedos populares: cordel infantil**. 2. ed. Recife: Folhetaria Campos de Versos, s/d. p. 2.

Com giz de cera, cubra o tracejado que forma o carrinho e, depois, pinte o desenho para que fique bem bonito.

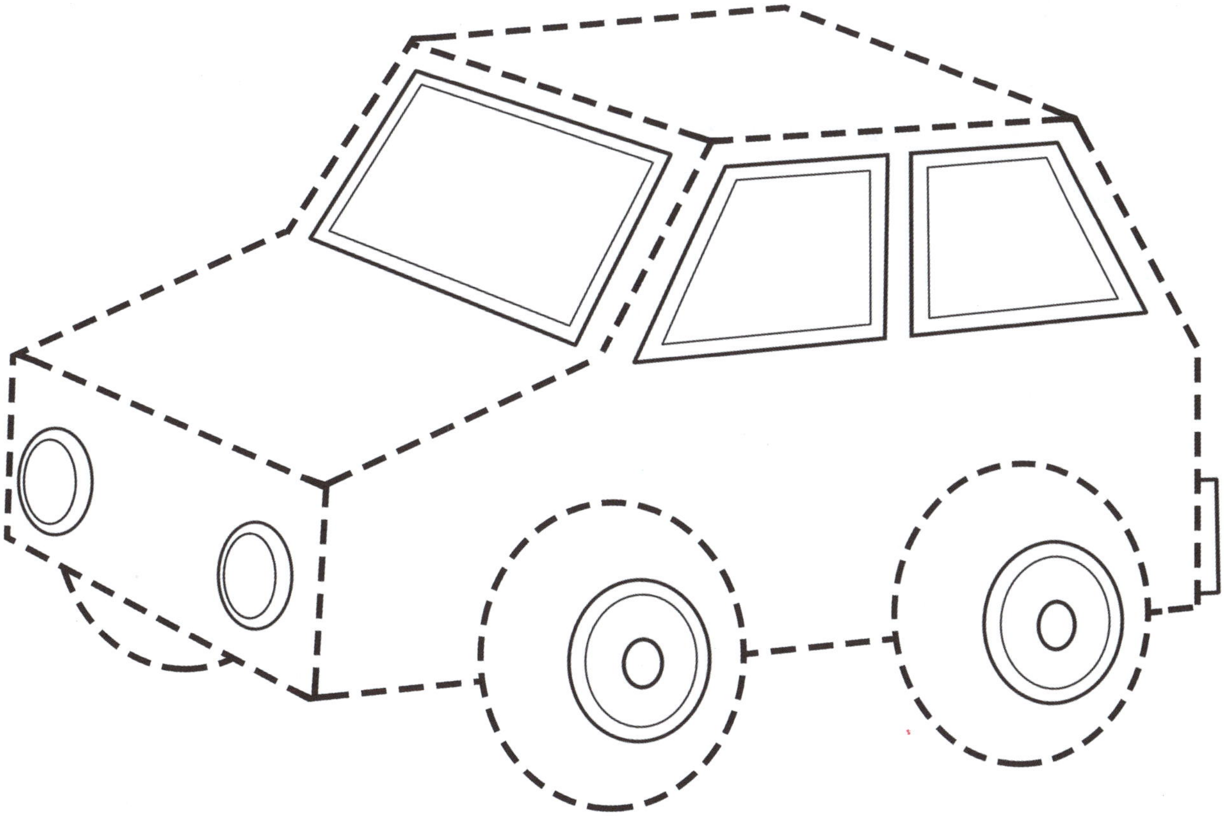

[...]
Pra fazer pipa bem-feita
Duas varas tem que ter
Presas em forma de cruz
Papel seda pra envolver
Depois põe a rabiola
E uma linha pra prender [...]

Ana Raquel Campos. **Brinquedos populares: cordel infantil**. 2. ed. Recife: Folhetaria Campos de Versos, s/d. p. 5.

Com canetinha hidrocor, cubra o tracejado que forma uma pipa. Depois, desenhe a linha e a rabiola e pinte tudo com lápis de cor.

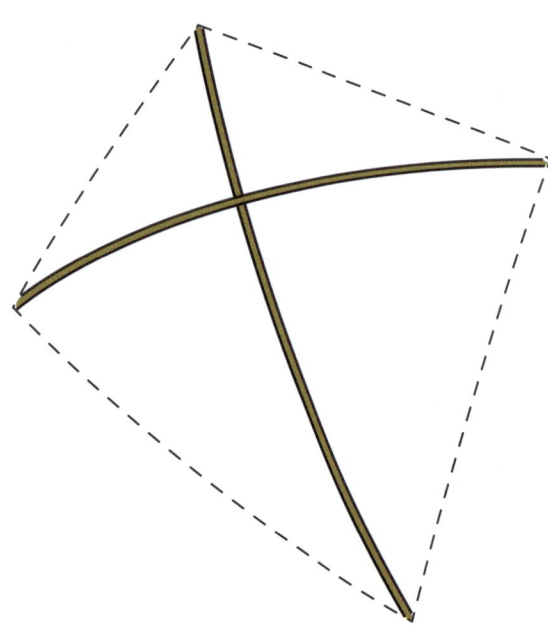

Era uma vez um sapo sonhador que resolveu ser astronauta e ir para a Lua. Leve-o até a Lua, desviando das estrelas.

[...]
Gambá, vendia perfume
Raposa, era caçadora
Andorinha, era pastora
Cotia, tinha curtume [...]

Ana Cristina Marinho e Hélder Pinheiro. **O cordel no cotidiano escolar**. São Paulo: Cortez, 2012. p. 55.

Ligue as imagens que se repetem e pinte cada par com uma cor diferente.

RECREAÇÃO

Brincar é muito bom!

As crianças estão brincando com um carrinho de controle remoto.

Com cola colorida, use toda a página para fazer o caminho que o carrinho percorreu.

[...]
O pião é um brinquedo
Que vive a rodopiar
Enrolado num cordão
Depois de desenrolar
Quando puxa num impulso
Gira, gira até parar [...]

Ana Raquel Campos. **Brinquedos populares: cordel infantil**. 2. ed. Recife: Folhetaria Campos de Versos, s/d. p. 3.

Rasgue pedacinhos de papel colorido e cole-os no pião para enfeitá-lo. Depois, cole barbante na fieira.

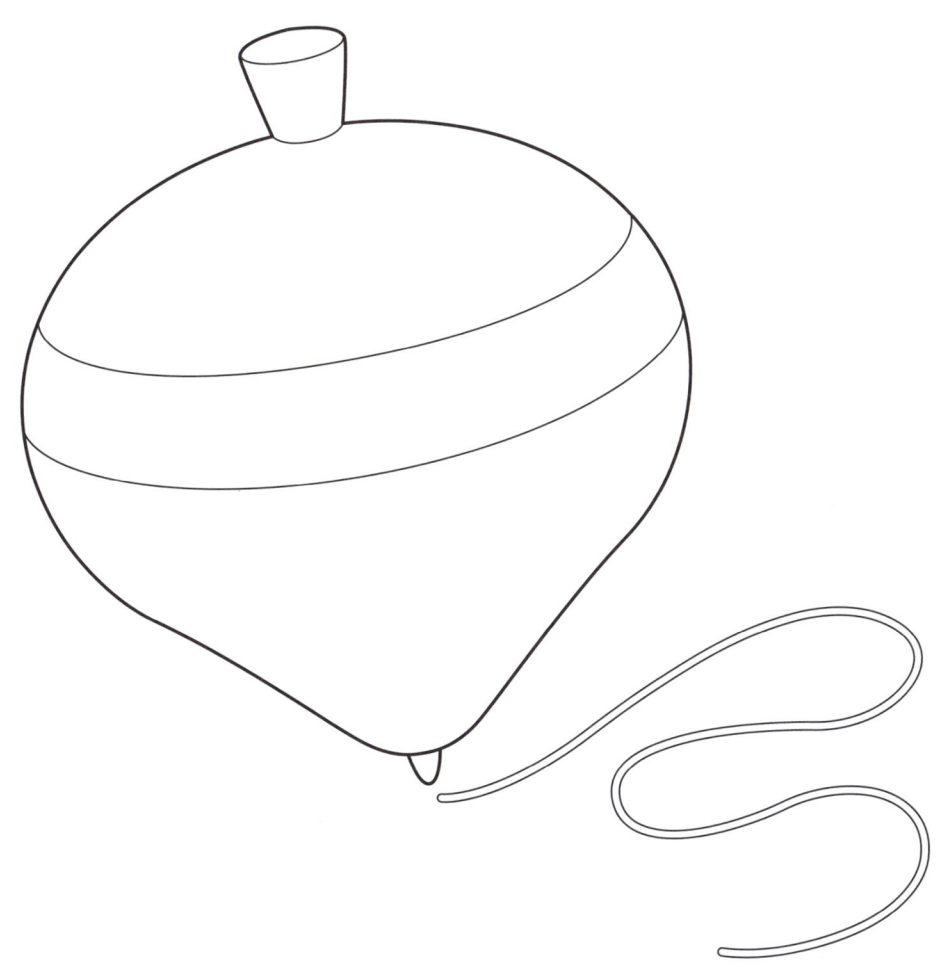

Chuva e sol, casamento de espanhol.
Sol e chuva, casamento de viúva.

Parlenda.

Mas hoje não está chovendo!

Faça bolinhas de papel crepom  e cole-as no círculo abaixo para fazer o Sol. Depois, cole canudinhos de refresco ao redor dele para formar os raios.

[...]
Com retalhos de tecidos
Se faziam as bonecas
E com linhas o cabelo
Pra não ficarem carecas [...]

Ana Raquel Campos. **Brinquedos populares: cordel infantil**. 2. ed. Recife: Folhetaria Campos de Versos, s/d. p. 4.

Com um pedaço de tecido bem bonito, faça o vestido da boneca. Depois, cole fios de lã para fazer o cabelo dela.

Pinte o sapo com giz de cera. Depois, contorne-o cobrindo o tracejado com cola colorida.

Sapo cururu

Sapo cururu na beira do rio
Quando o sapo grita, ó maninha,
É porque tem frio. [...]

Cantiga.

Batatinha aprende a latir

[...]
O cachorro Batatinha
Vai latir mesmo ou não vai?
Abre a boca, fecha os olhos:
Ai, ai, ai, ai, ai, ai, ai, ai, ai.
[...]

Sérgio Capparelli. **111 poemas para crianças**. Porto Alegre: L&PM, 2009. p. 35.

Vamos fazer a carinha do cachorro Batatinha?

Siga o passo a passo e faça a dobradura. Depois, desenhe o rosto do Batatinha.

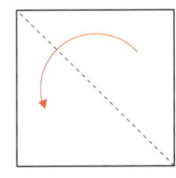
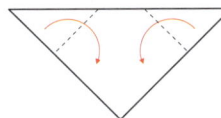

A LETRA

Esta é a letra a.
Pinte-a com giz de cera.

Aranha Tatanha
Aranha Tatanha
Aranha Tatinha
Tatu é que arranha
A tua casinha.

Trava-língua.

Cubra o tracejado da letra a e descubra um animal cujo nome começa com essa letra.

aranha

A aranha e a jarra

Debaixo da cama tem uma jarra.
Dentro da jarra tem uma aranha.
Tanto a aranha arranha a jarra,
Como a jarra arranha a aranha.

Trava-língua.

Cubra o tracejado para completar a imagem. Depois, desenhe uma aranha arranhando a jarra.

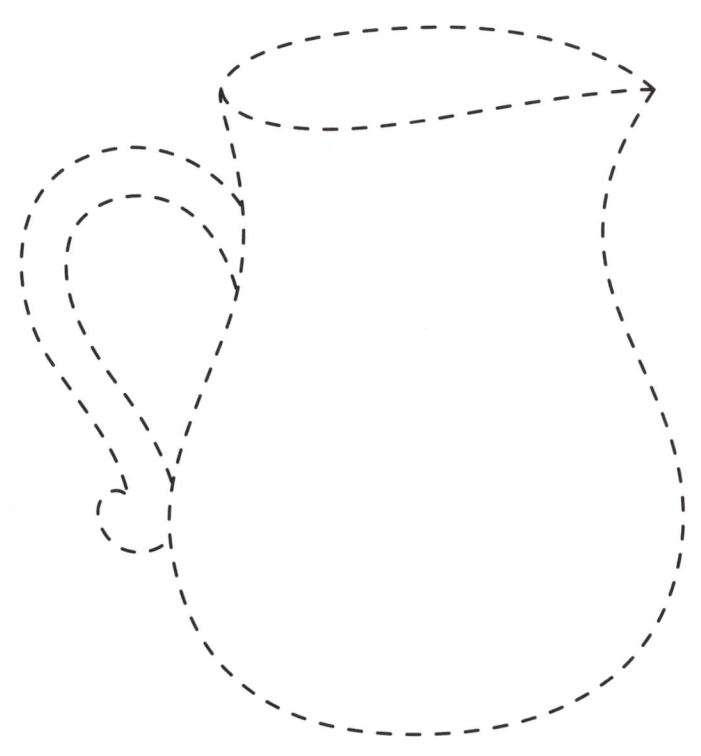

Cante

Ele vai e ele volta
Está sempre a voar
É um lindo aviãozinho
Sobe e desce sem parar.

(Melodia para cantar: **Ciranda, cirandinha**.)

Cubra o tracejado da primeira letra da palavra *avião* usando a cor 🟢.

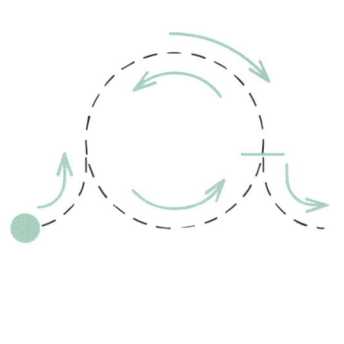 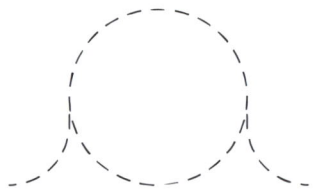 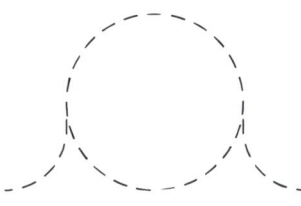

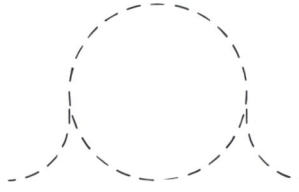 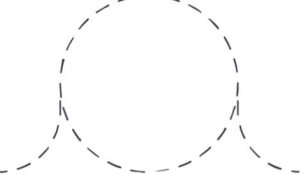 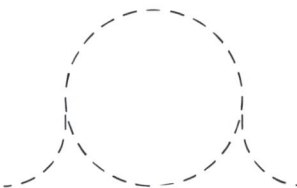

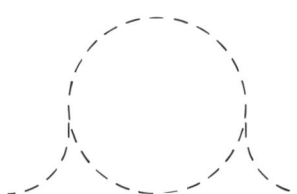  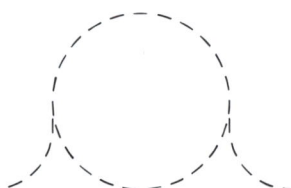

O que é, o que é?
É um pássaro brasileiro e seu nome de trás para a frente é igual.

Adivinha.

A arara é uma ave colorida. Pinte-a para que fique bem bonita.

arara

Andorinha

Onde anda a andorinha?
O vento não viu.
Andorinha anda aonde?
O monte não viu,
Andorinha, quando e pra onde?
[...]

Nery Reiner. **Passa, passa, passarinho**. São Paulo: Nova Espiral, 2011. p. 8.

Teca, a andorinha, está triste. Ela não gosta de voar sozinha. Desenhe mais andorinhas para fazer companhia a Teca.

andorinha

Observe a letra . Depois, circule-a toda vez que ela aparecer.

Você já conhece muitas palavras que começam com a letra a. Então observe as figuras a seguir e pinte somente as que iniciam com essa letra.

elefante

abelha

anel

urso

amora

ave

A LETRA ℓ

Esta é a letra ℓ.
Pinte-a com giz de cera.

[...]
Eu vi um elefante
Falante e elegante.
Ele bebia refrescante
Um mar de
Refrigerante. [...]

Jonas Ribeiro. **Eu vi!** São Paulo: Mundo Mirim, 2009. p. 29.

Cubra o tracejado e descubra um animal cujo nome começa com a letra *e*.

elefante

O elefante

Lá vai o elefante
Todo elegante
Na praça passear.
[...]

E, de repente,
Quem é que surge
À sua frente?
[...]

Luiz Chamadoira. **Bichos diversos em versos**. São Paulo: Porto de Ideias, 2012. p. 11.

Complete a cena desenhando quem o elefante encontrou. Depois, pinte para ficar bem bonito!

Cante

O meu nome, amiguinho,
Você pode adivinhar!
Subo e faço uma curvinha
Fico todo enroladinho!

(Melodia para cantar: **Terezinha de Jesus**.)

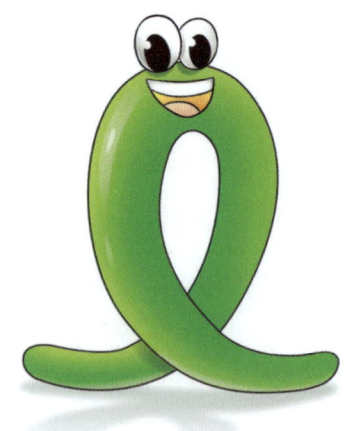

Cubra o tracejado da letra *e* de *elefante* usando a cor ✎.

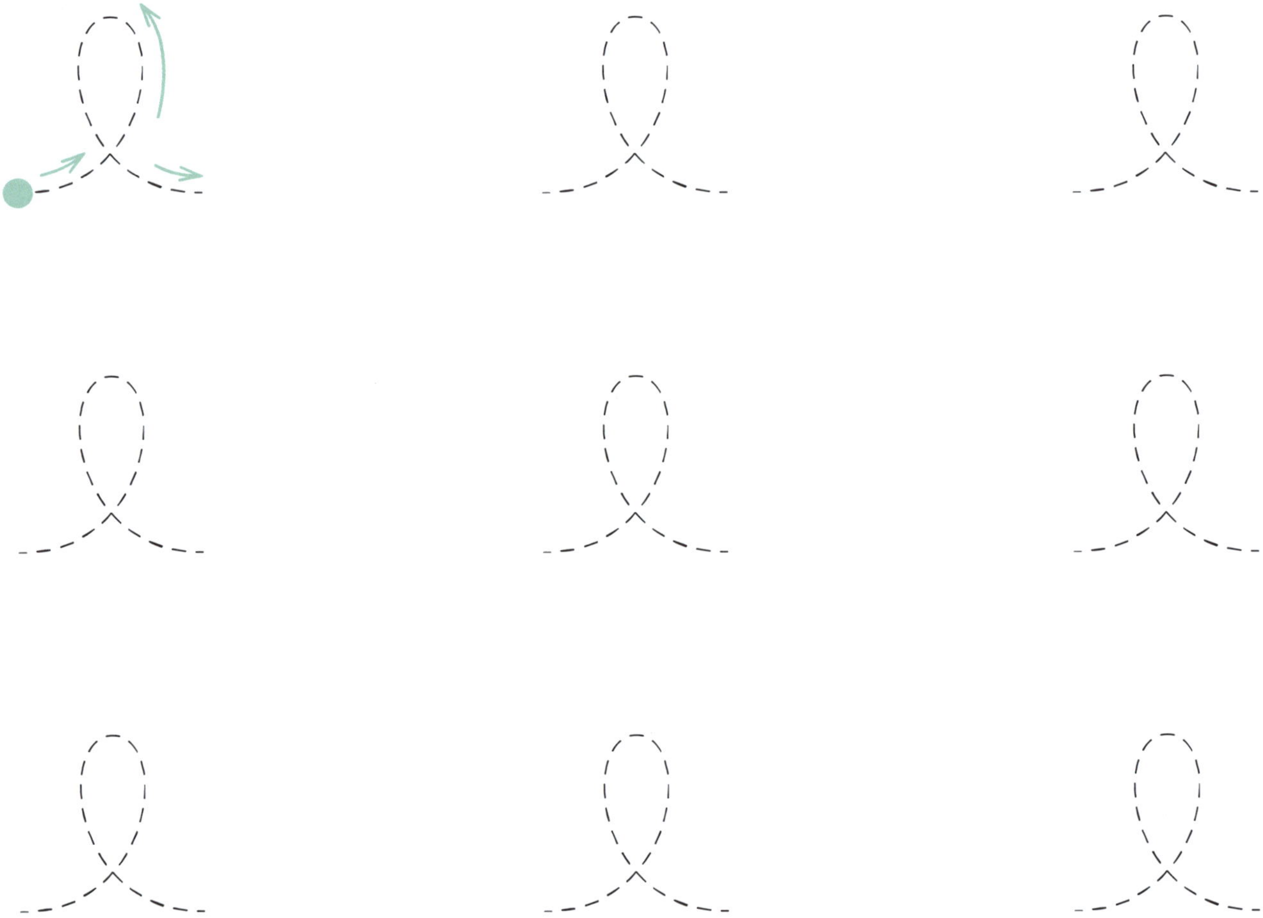

A escola

Todo dia,
na escola,
a professora,
o professor.

A gente aprende,
e brinca muito
com desenho,
tinta e cola. [...]

Cláudio Thebas. **Amigos do peito**. Belo Horizonte: Formato, 1996. p. 8.

Escola começa com a letra *e*.
Desenhe sua escola. Depois, pinte-a para ficar bem bonita!

Lá no céu, tem três estrelas,
Todas as três encarreiradas.
Uma é minha, outra é tua,
Outra de minha namorada.

Quadrinha.

Estrela também começa com a letra *e*.

Pinte a estrela de . Depois, complete o céu desenhando mais estrelas.

estrela

Observe a letra  Depois, circule-a toda vez que ela aparecer.

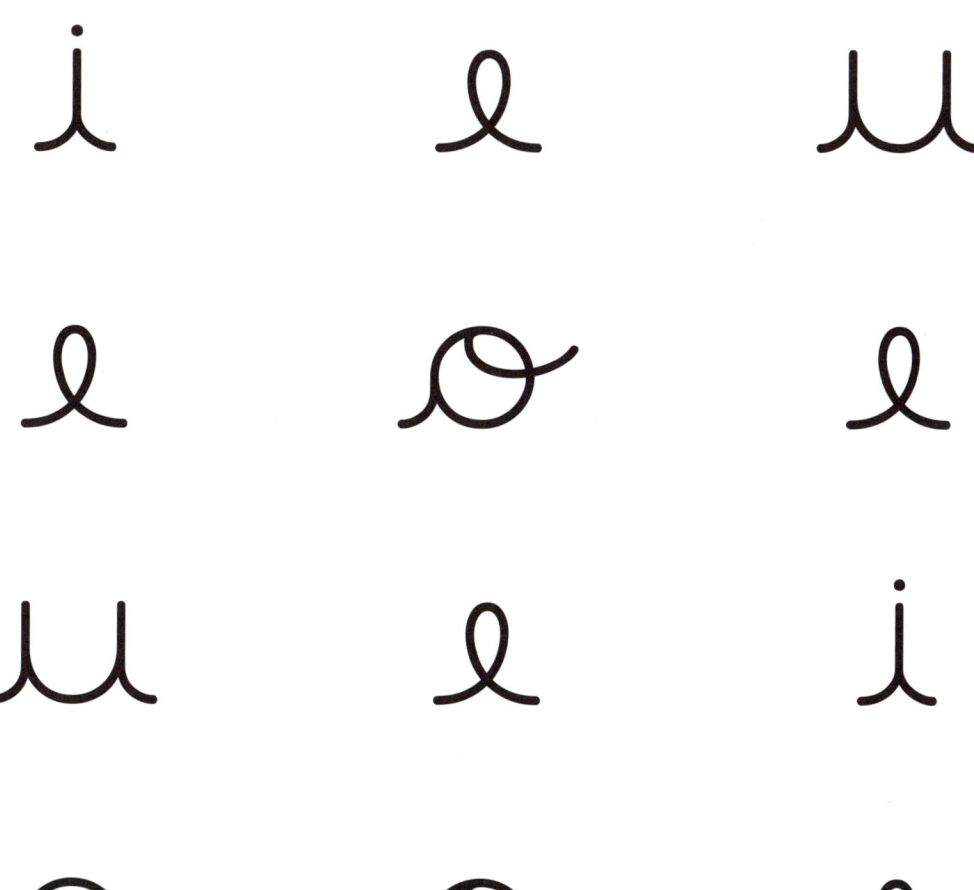

Você já conhece muitas palavras que começam com a letra e. Então observe as figuras a seguir e pinte somente as que iniciam com essa letra.

escada

escova

ema

avião

ímã

enxada

A LETRA j

Esta é a letra j.
Pinte-a com giz de cera ///.

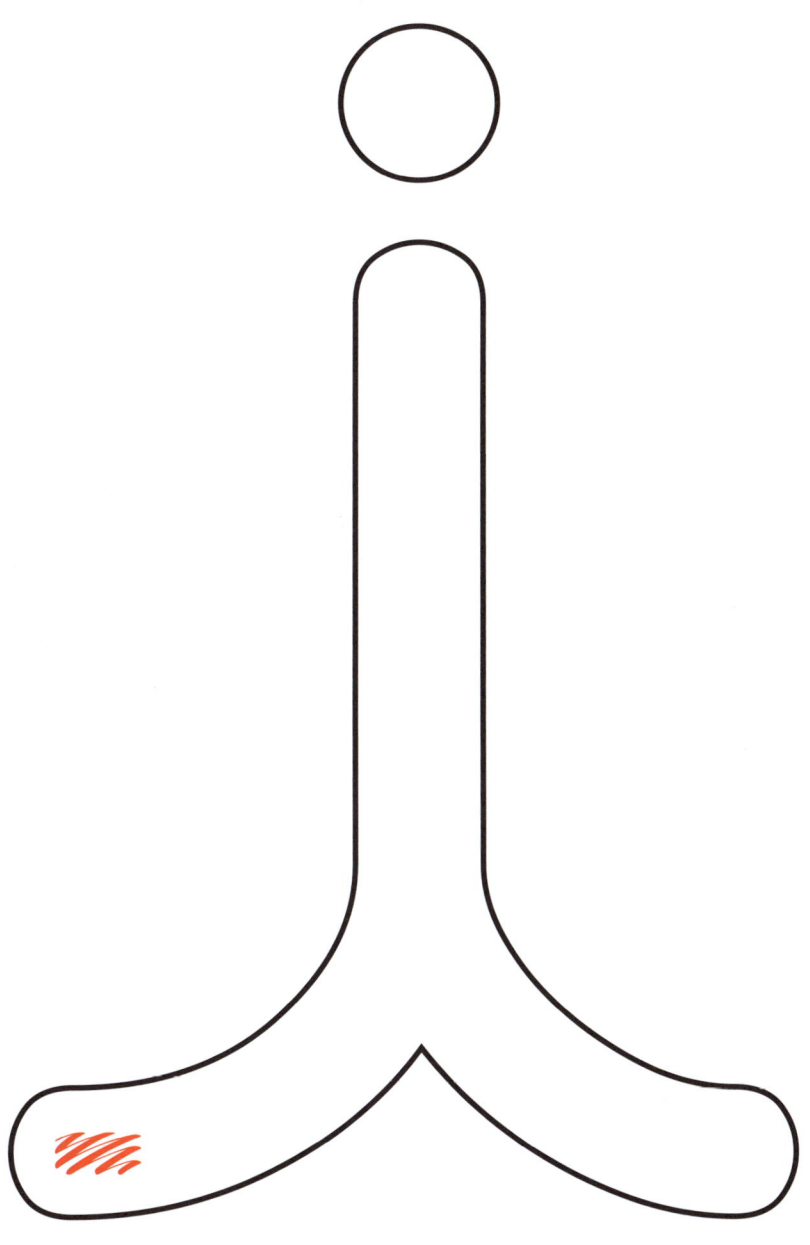

Cante

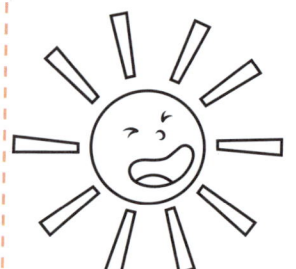

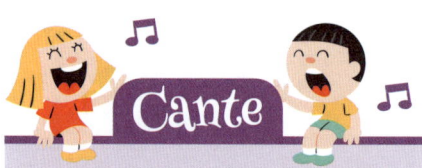

Indiozinhos

Um, dois, três indiozinhos
Quatro, cinco, seis indiozinhos
Sete, oito, nove indiozinhos
Dez num pequeno bote. [...]

Cantiga.

Cubra o tracejado e descubra um indiozinho. Depois, pinte a cena para que fique bem bonita!

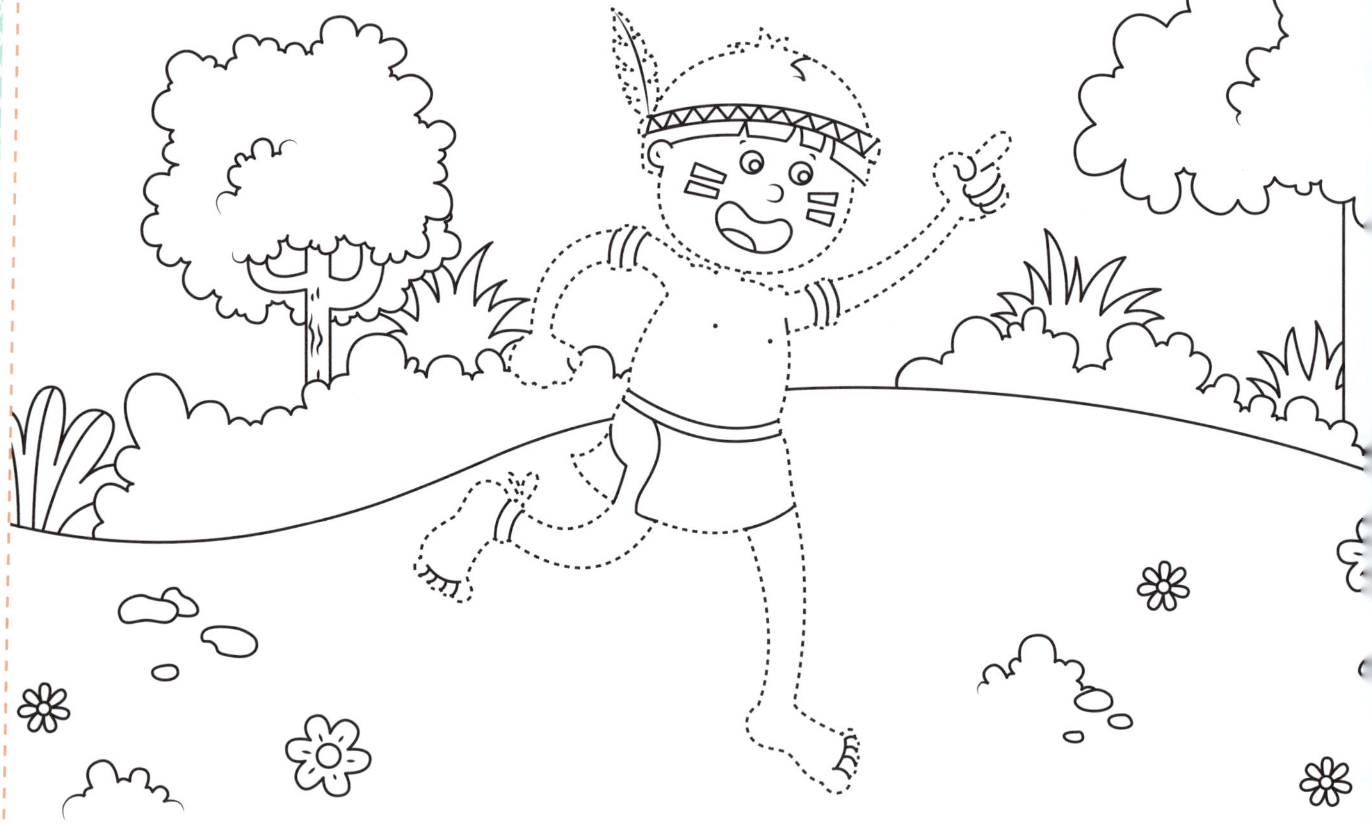

indiozinho

Observe as fotografias de pessoas de diversos grupos indígenas brasileiros.

Bororo.　　　　　　　　Yanomami.　　　　　　　　Kayapó.

Agora, pinte o rosto deste indiozinho.

57

Cante

Eu sou uma letrinha
Pequenina e magrinha.
Mas de mim ninguém se esqueça:
Uso um pingo na cabeça!

(Melodia para cantar: **Ciranda, cirandinha**.)

Cubra o tracejado da letra *i* de *ilha* usando a cor ✏.

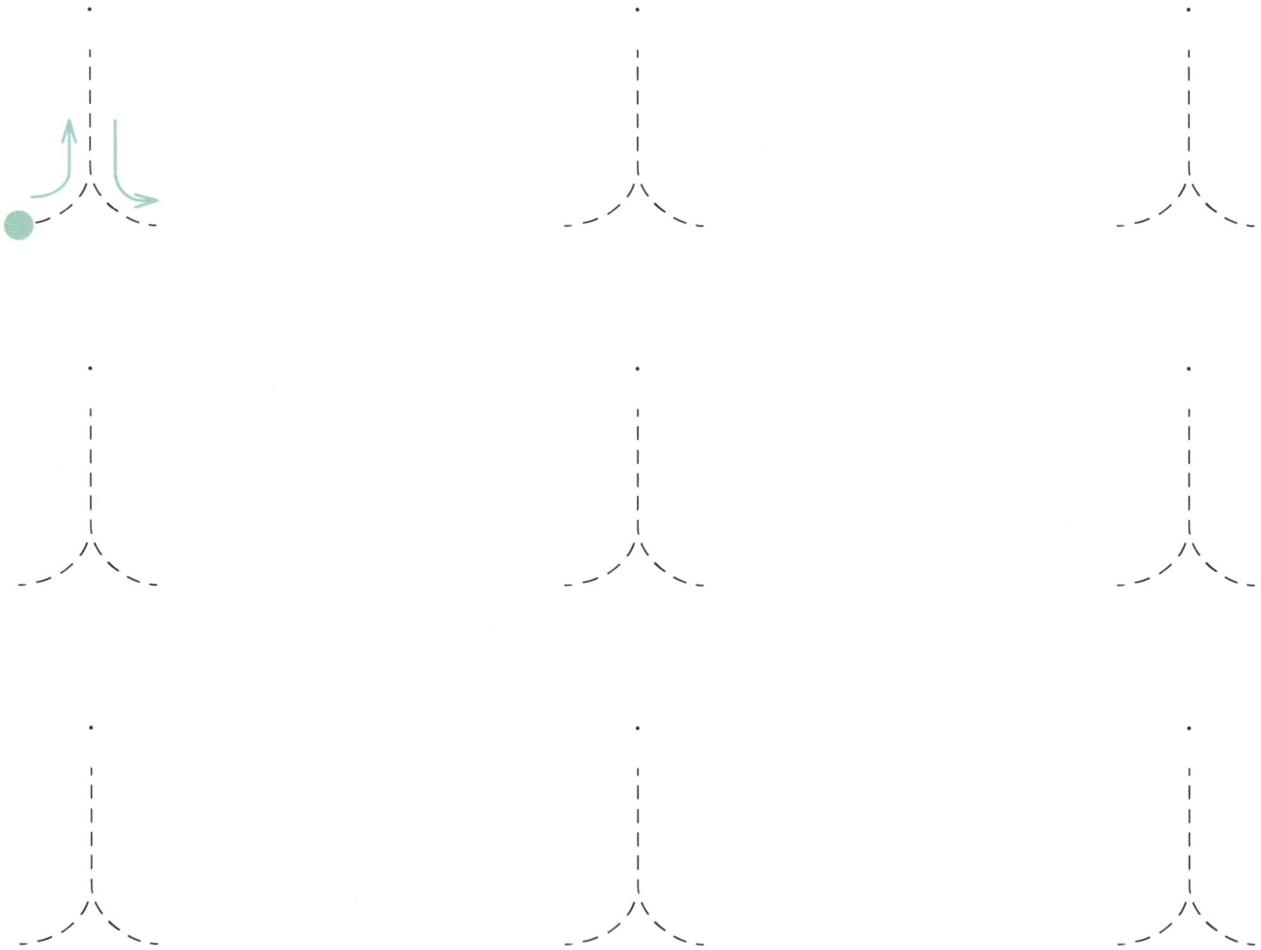

[...]
Ioiô e vivo ou morto,
Soltar pipa todo dia.
Isso é o que interessa,
Isso sim é alegria!

Sandra Ferreira Barbosa.
Brincadeira é alegria.

Pinte somente os espaços em que aparecem pontinhos e descubra uma figura cujo nome começa com a letra *i*. Use as cores indicadas.

ioiô

igreja também começa com a letra **i**.

Desenhe a torre que falta na igreja. Depois, pinte-a para ficar bem bonita.

igreja

Observe a letra . Depois, circule-a toda vez que ela aparecer.

Você já conhece muitas palavras que começam com a letra i. Então observe as figuras a seguir e pinte somente as que iniciam com essa letra.

iate

abacaxi

iguana

esquilo

estrela

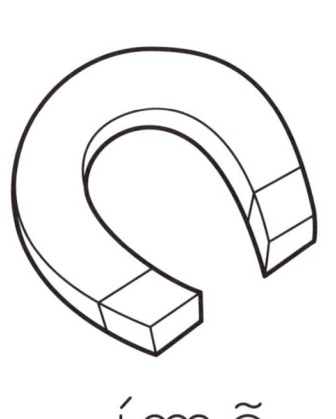
ímã

A LETRA

Esta é a letra ᴏ.
Continue fazendo bolinhas nela.

A galinha
Olha a galinha,
Lá no seu ninho
Bem sentadinha.

Vai botar de novo
Um lindo ovo.
[...]

Luiz Chamadoira. **Bichos diversos em versos**. São Paulo: Porto de Ideias, 2012. p. 15.

Cubra o tracejado e descubra a figura de um ovo. Depois, com tinta guache, faça a gema no centro dele.

A galinha do vizinho

A galinha do vizinho
Bota ovo amarelinho.
Bota um, bota dois,
Bota três, bota quatro,
Bota cinco, bota seis,
Bota sete, bota oito,
Bota nove, bota dez!

Parlenda.

Pinte a galinha e, depois, desenhe de 🟡 os ovos que ela botou.

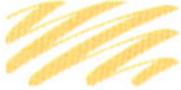

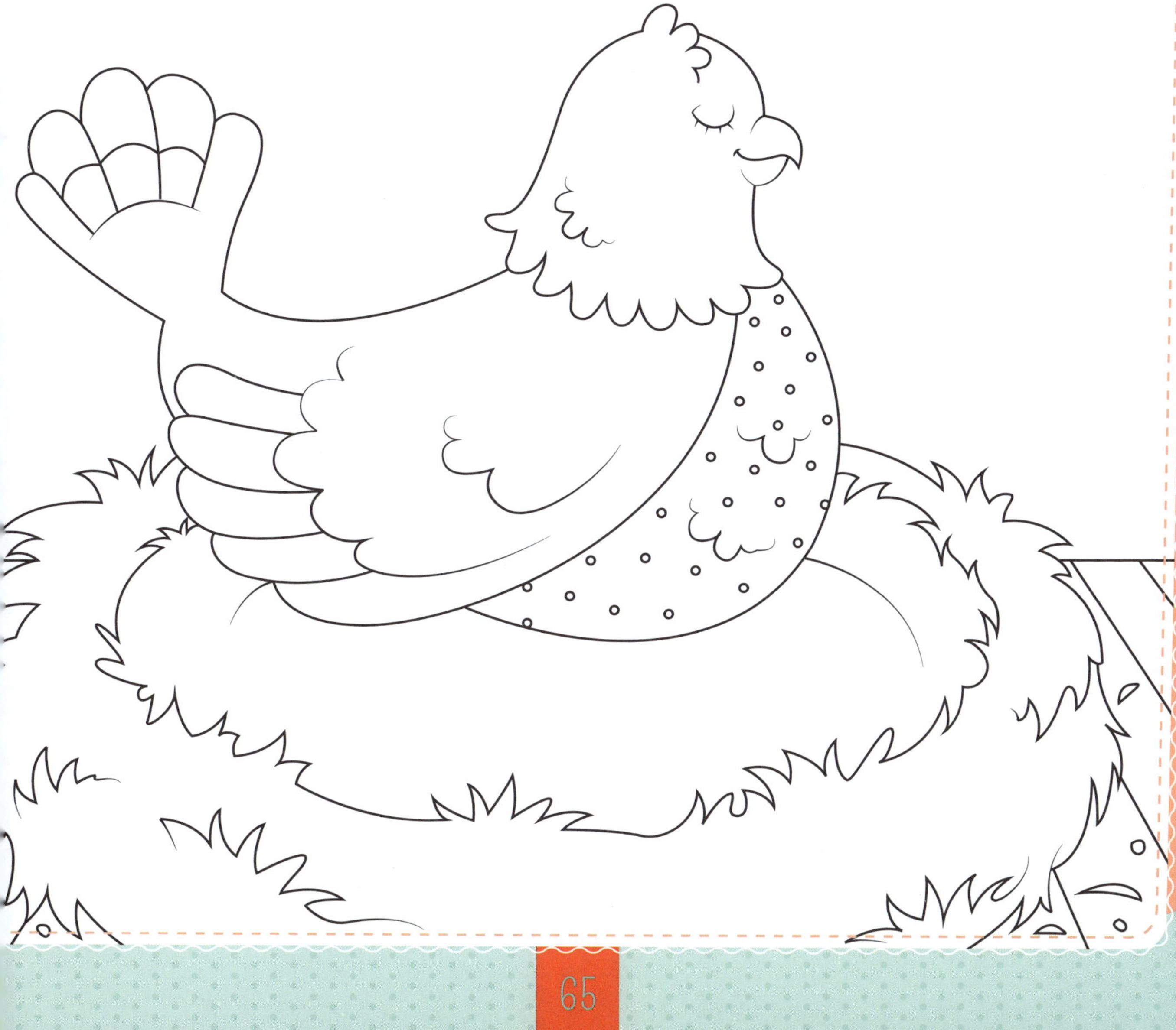

Cante

O o é uma letrinha
E como é tão bonitinha!
Parece uma bolinha
Com um laço na cabecinha!

(Melodia para cantar:
Terezinha de Jesus.)

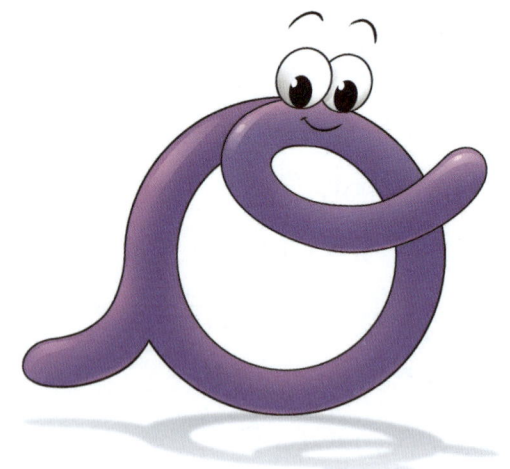

Cubra o tracejado da letra **o** de **olho** usando a cor ▓.

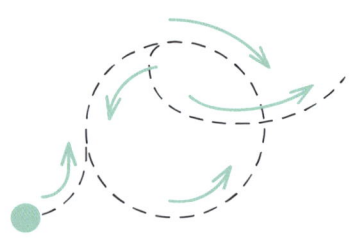 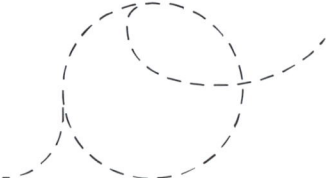 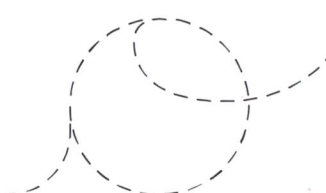

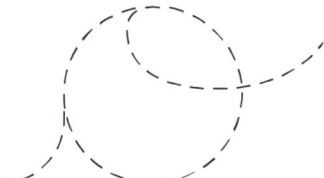 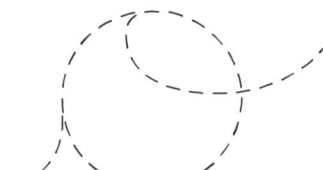 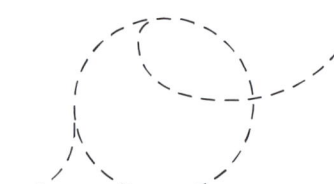

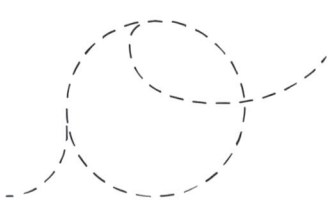 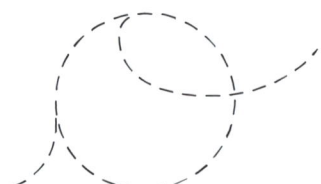 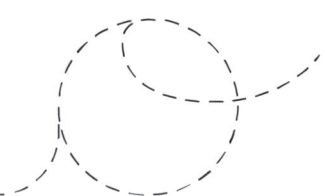

A onça-pintada é um animal silvestre ameaçado de extinção. Observe ao lado as cores do corpo dela.

Agora, pinte a onça de 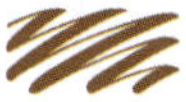 e, com canetinha hidrocor 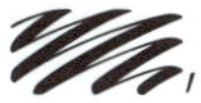, desenhe pintas no corpo dela.

GlobalP/ iStockphoto.com

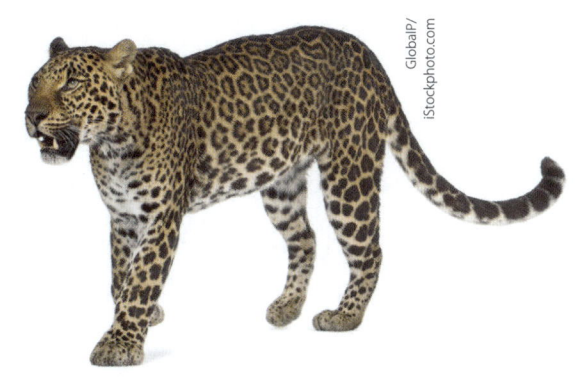

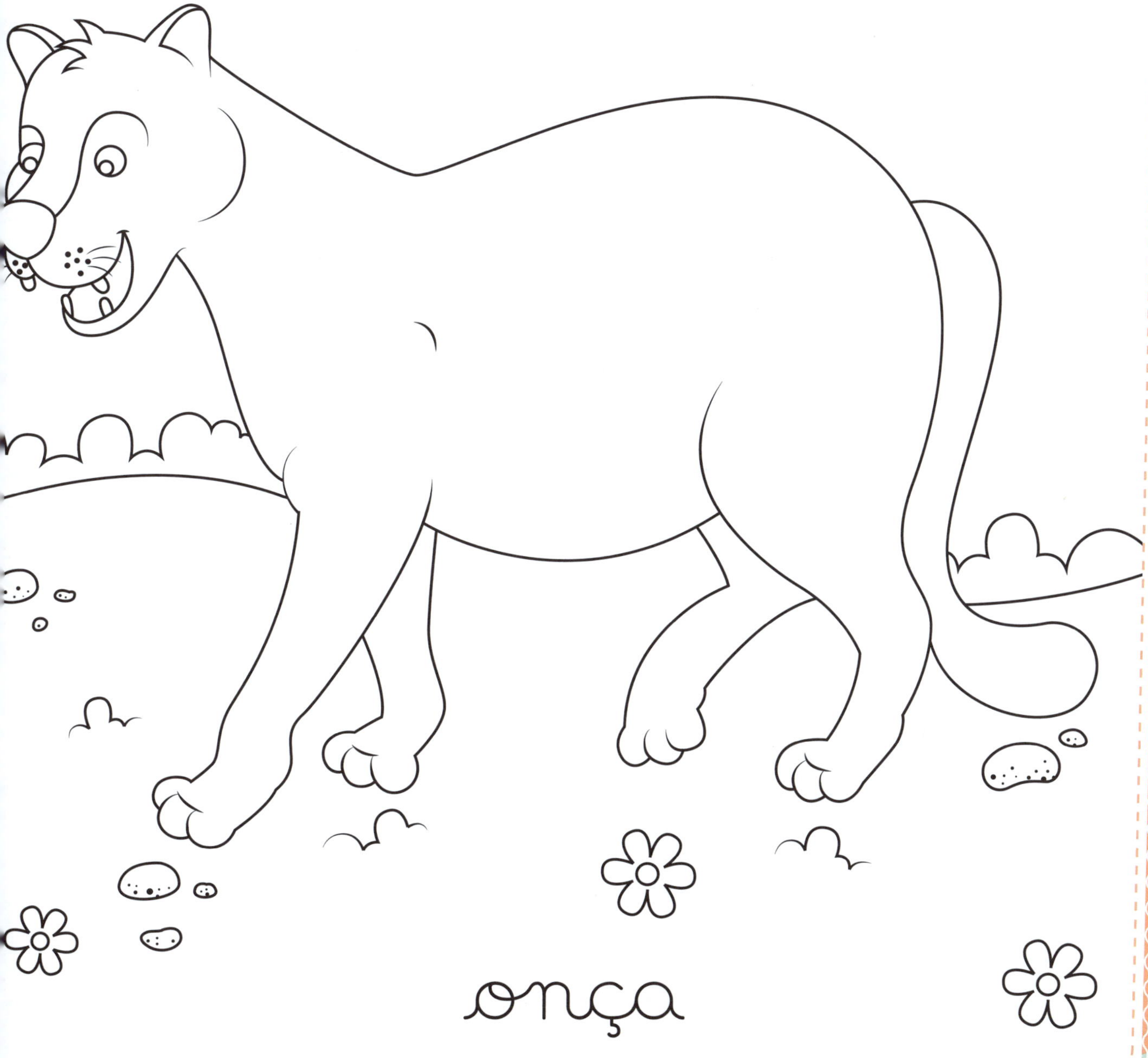

onça

[...]
Pode haver coisa no mundo
Mais travessa, mais tontinha
Que esse amor de cachorrinha
Quando vem fazer festinha
Remexendo a traseirinha?

"A cachorrinha", de Vinicius de Moraes. In: **A Arca de Noé: poemas infantis**. São Paulo: Cia. das Letras, Editora Schwarcz Ltda.,1991. p. 42.

A cachorrinha ganhou um osso bem gostoso!

Cubra o tracejado para completar o desenho. Depois, pinte a cena com capricho.

OSSO

Observe a letra o. Depois, circule-a toda vez que ela aparecer.

Você já conhece muitas palavras que começam com a letra o. Então observe as figuras a seguir e pinte somente as que iniciam com essa letra.

abacate

urso

oca

orelha

estrela

óculos

A LETRA µ

Esta é a letra µ.
Pinte-a usando sua cor preferida.

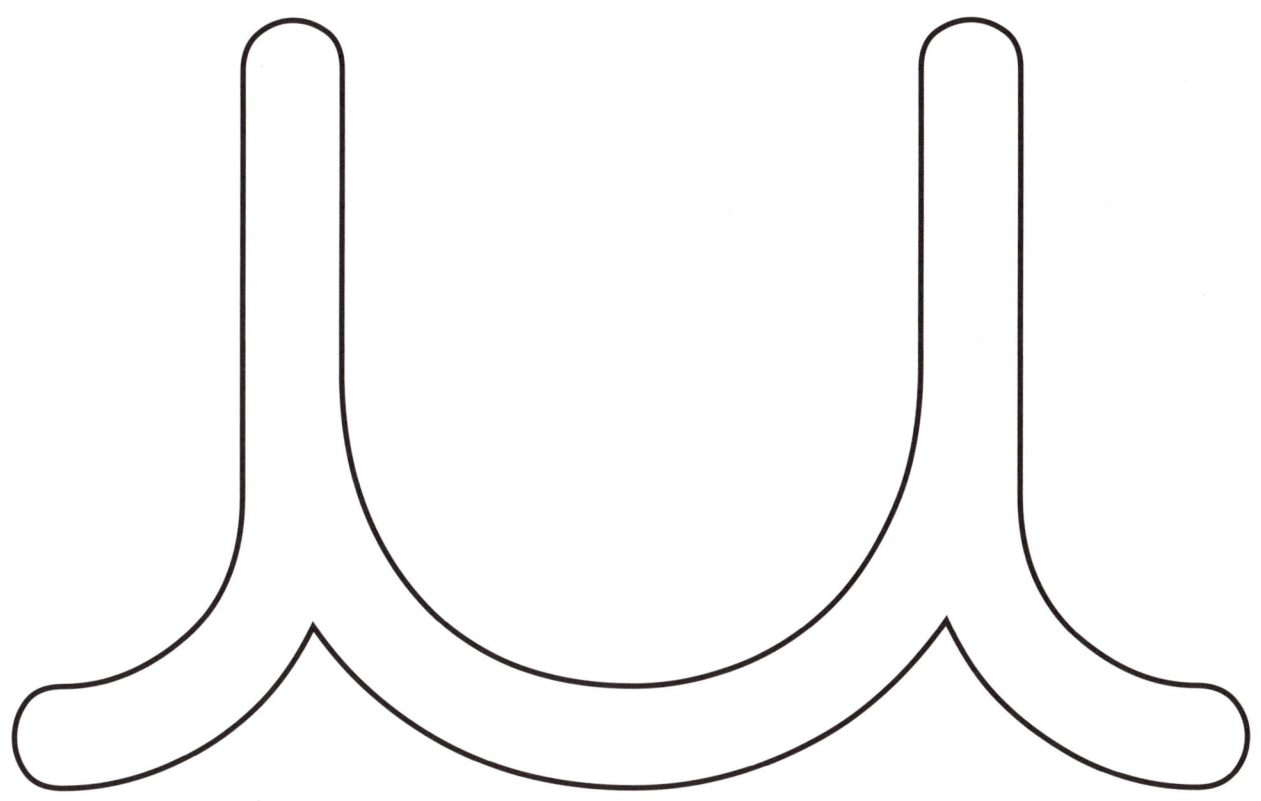

[...]
Urubu já nesse tempo
Era um grande aviador
Levava a correspondência
Aos bichos do interior
Conduzindo pelos ares
Cartas, postais de valor.
[...]

Ana Cristina Marinho e Hélder Pinheiro.
O cordel no cotidiano escolar.
São Paulo: Cortez, 2012.

Cubra o tracejado e descubra uma figura cujo nome inicia com a letra u.

Ubaldo, o urubu

O urubu
Ubaldo
Usa sempre
O mesmo
Uniforme...
[...]

"Ubaldo, o urubu", do livro **O ABC do dromedário**, do autor Alexandre Azevedo. São Paulo: Paulinas, 2004.

O urubu Ubaldo quase não tem amigos.
Com canetinha hidrocor ▨, desenhe outros urubus para fazer companhia a ele.

Cante

Sou docinha e gostosinha,
Sei que todos vão gostar.
Vejam lá quem é que pode
O meu nome adivinhar.

(Melodia para cantar: **Terezinha de Jesus**.)

Cubra o tracejado da letra u de uvas usando a cor ✎.

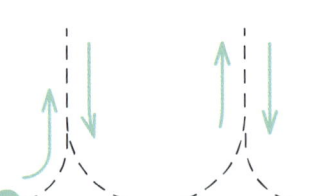 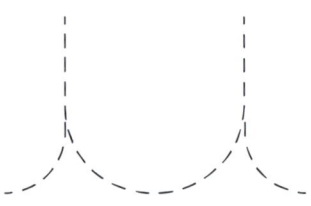 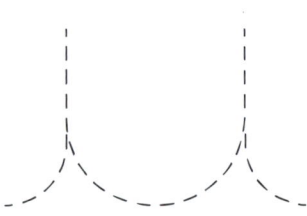

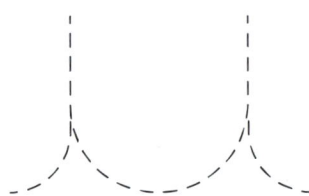 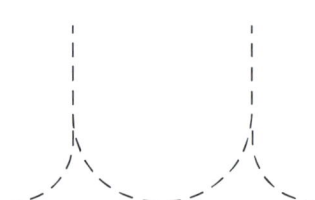 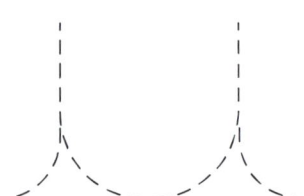

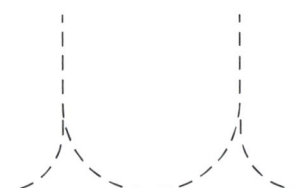 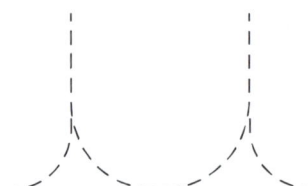 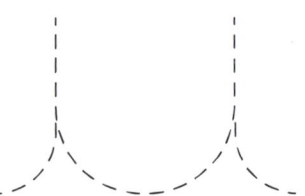

Você gosta de uvas?
Pinte o cacho de uvas com a cor de sua uva preferida.

uvas

[...]
Sou urso amigo de coração.
Amigo urso, não.
Não sou daninho,
Não tenho astúcia.
Sou só um urso de pelúcia. [...]

O ursinho de pelúcia. Toquinho e Mutinho. DVD **Casa de brinquedos**, Universal, 2011, 40 min. Faixa 12.

Urso também começa com a letra *u*. Cubra o tracejado com canetinha hidrocor e pinte o ursinho.

urso

Observe a letra u. Depois, circule-a toda vez que ela aparecer.

Você já conhece muitas palavras que começam com a letra u. Então observe as figuras a seguir e pinte somente as que iniciam com essa letra.

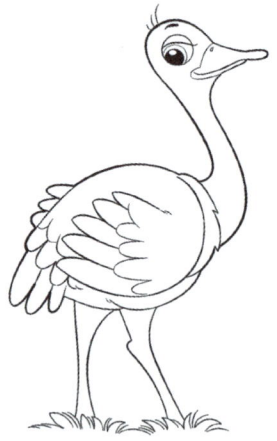

ema

índio

urso

abóbora

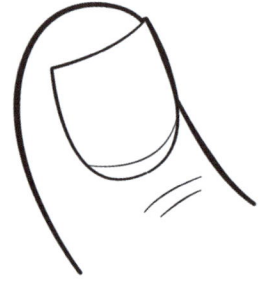

unha

orca

REVISÃO DAS VOGAIS

Escreva a letra inicial do nome de cada figura.

Cubra o traçado das vogais com lápis. Depois, pinte as imagens.

Você já aprendeu o a, e, i, o, u! Agora, observe o exemplo e ligue as letras iguais.

Este é o *a, e, i, o, u* dos animais.
Ligue cada animal à letra que inicia o nome dele.

Este é o *a, e, i, o, u* dos alimentos.
Ligue cada letra à palavra que se inicia por ela.

a   ovo

e   uva

i   abóbora

o   ervilha

u   iogurte

Este é o a, e, i, o, u dos brinquedos.
Escreva, ao lado das imagens, a letra inicial do nome de cada brinquedo.

Observe a obra de arte ao lado. Ela foi feita pelo artista Luiz Sacilotto, um pintor muito importante.

Escreva as vogais nas bandeirinhas a seguir e, depois, pinte-as como na tela de Luiz Sacilotto.

Coleção particular

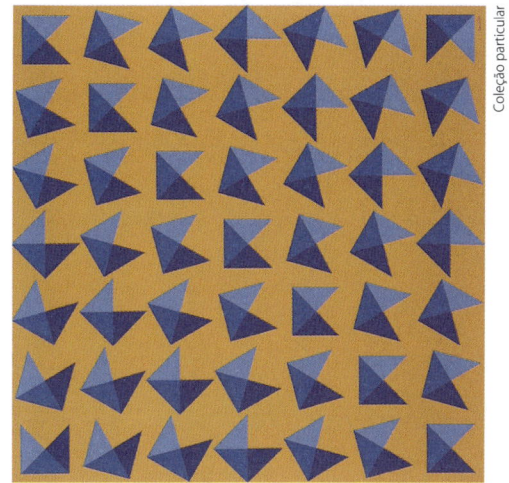

Luiz Sacilotto. **Concreção 8463**, 1984. Têmpera sobre tela, 100 × 100 cm.

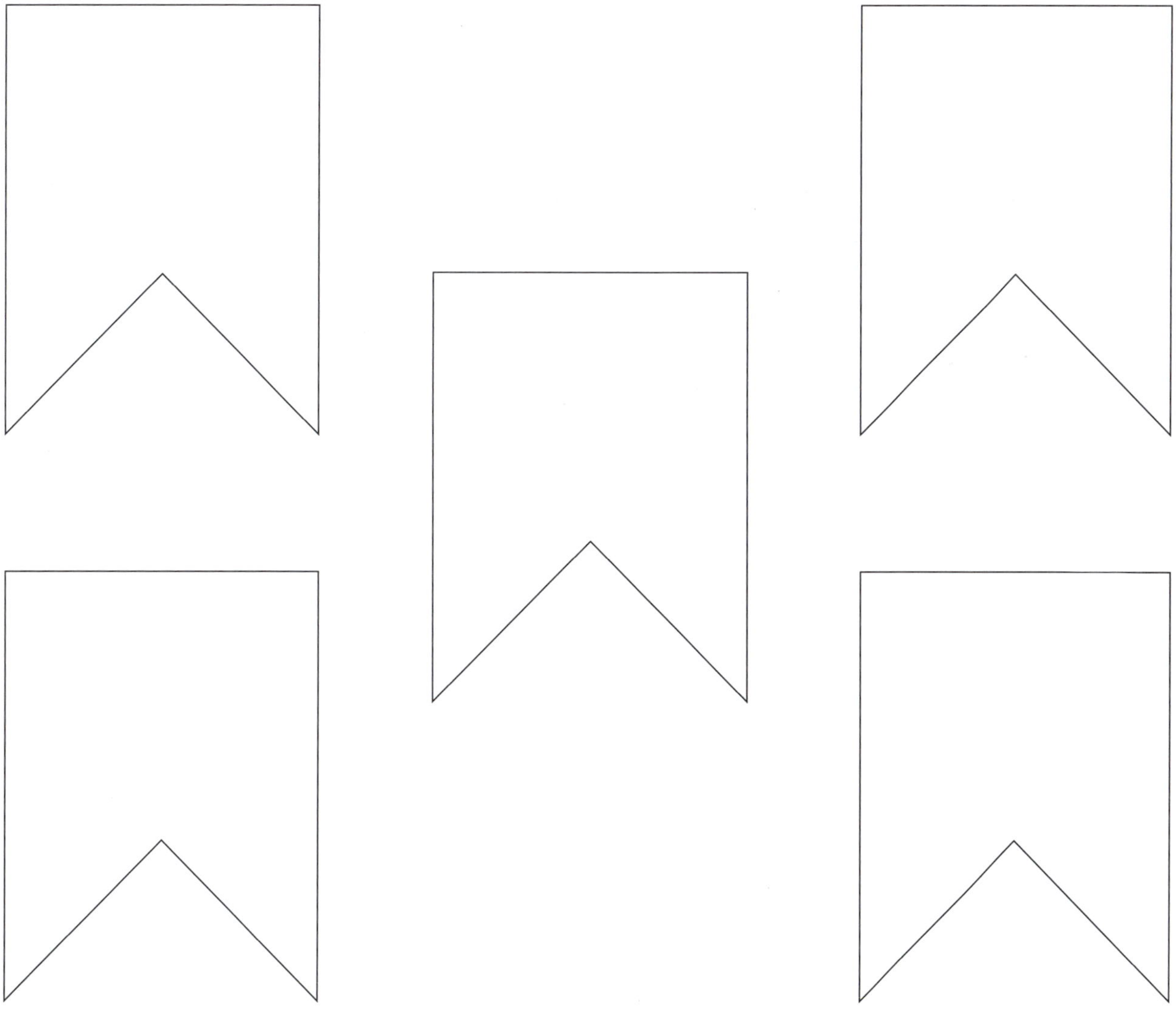

A gatinha Bonequinha ganhou uma caminha nova com o nome dela bordado.

Encontre as vogais do nome da gatinha e circule-as. Use uma cor para cada letra.

UNIÃO DAS VOGAIS

A Bela Adormecida picou o dedo numa agulha. Doeu muito!
Veja o que ela falou:

Cubra os tracejados com lápis de cor.

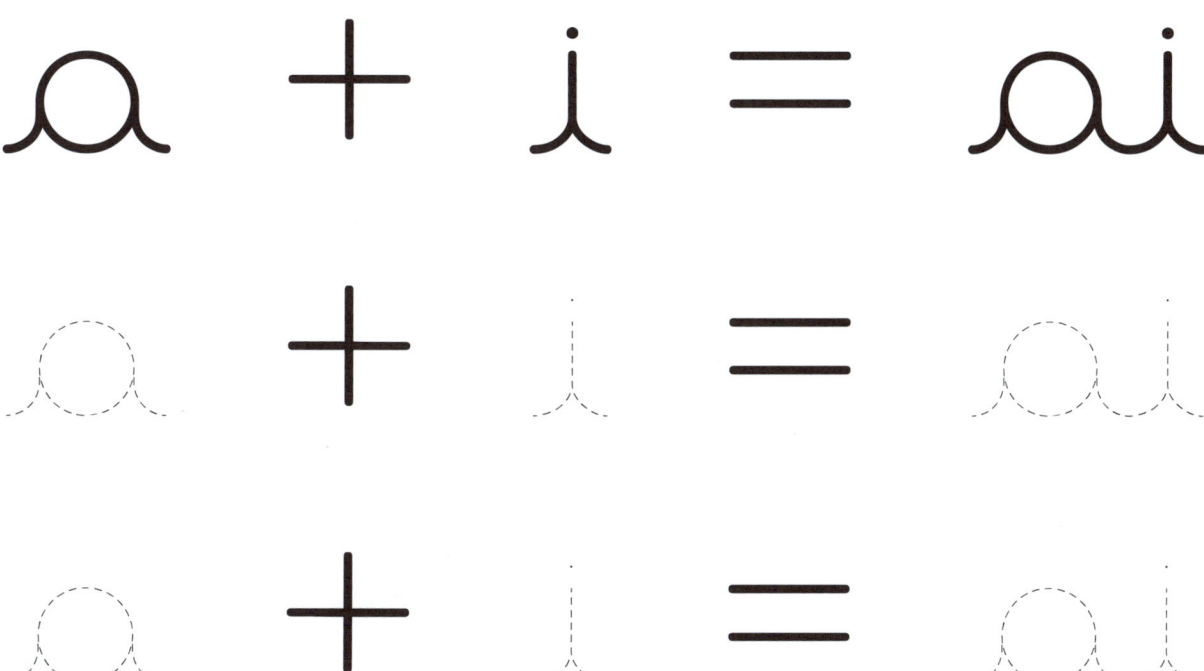

Ulisses tinha um cachorro chamado Argos. Um dia, Ulisses precisou viajar. Quando voltou, Argos latiu muito de felicidade.

Cubra os tracejados com lápis de cor.

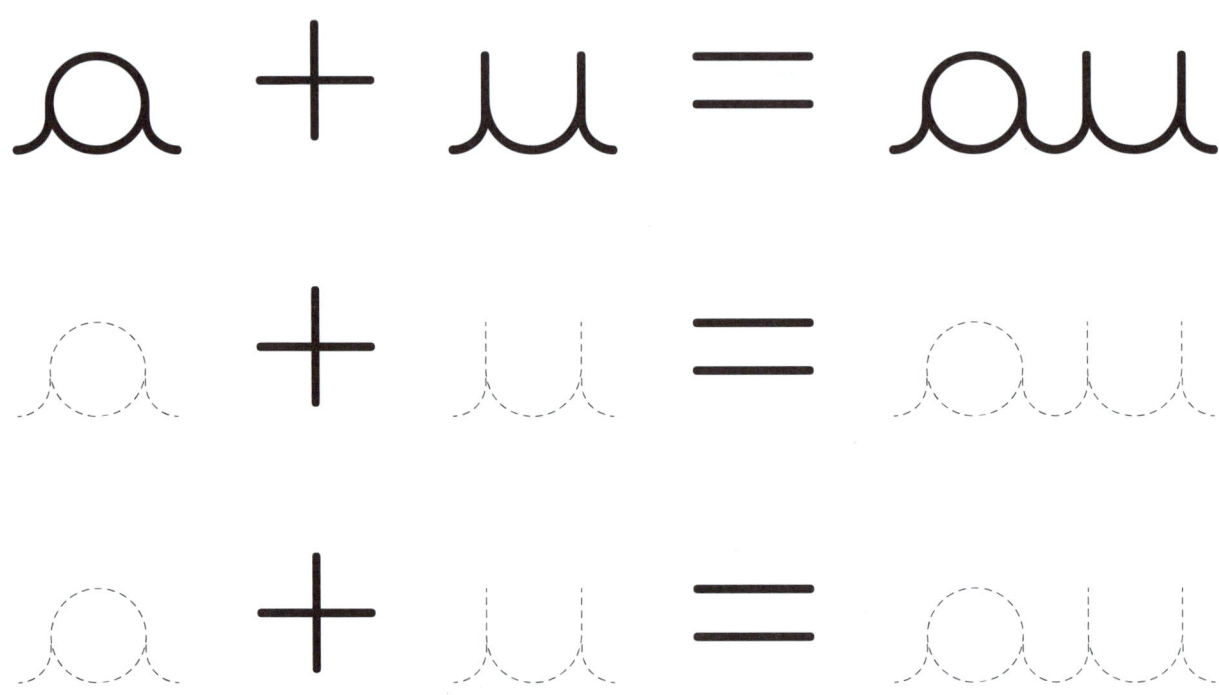

Na história de Branca de Neve, os sete anõezinhos a encontram quando voltam do trabalho.

Cubra os tracejados com lápis de cor.

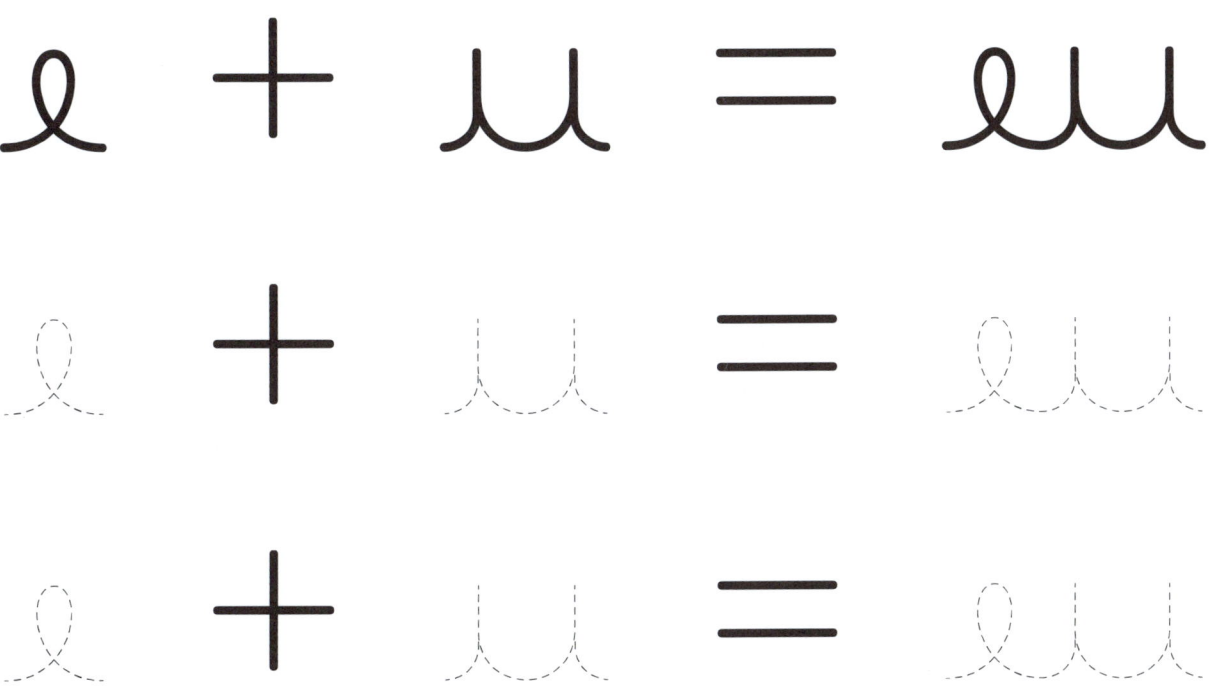

Este é o Pinóquio, um boneco de madeira. Ele tem um amigo fiel, o Grilo Falante. Veja como eles se cumprimentam.

Cubra os tracejados com lápis de cor.

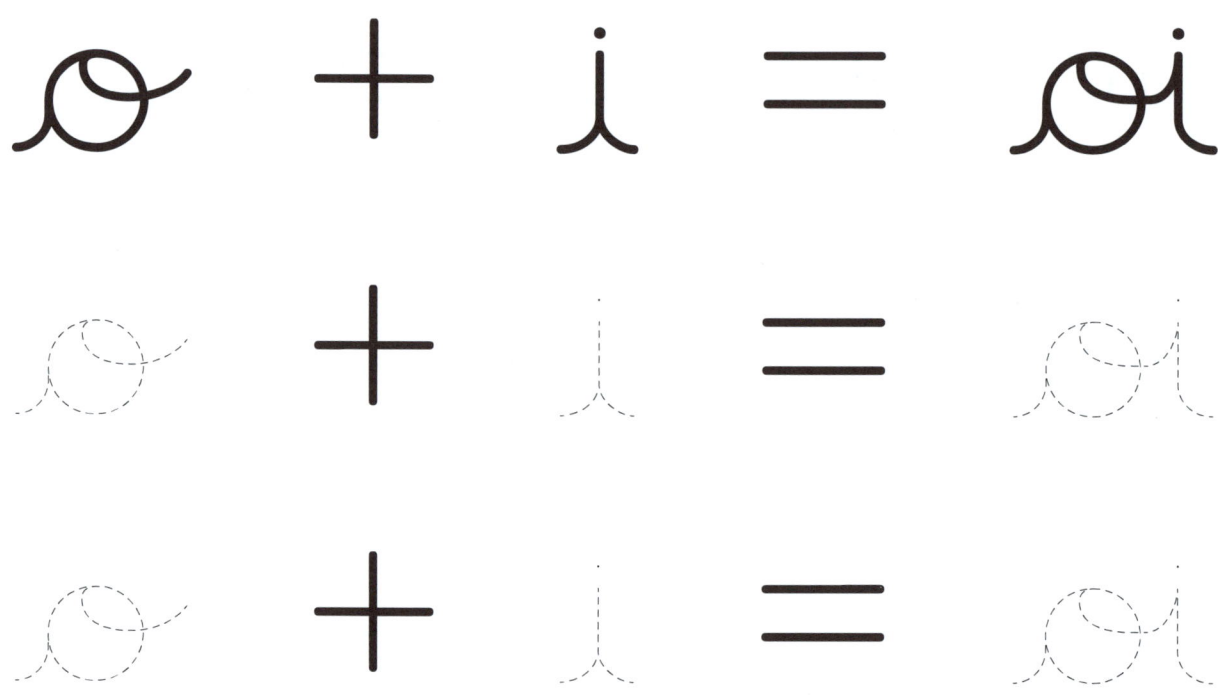

Observe as cenas. O que será que os personagens estão dizendo? Adivinhe o que cada um está falando e diga em voz alta. Depois, com a ajuda do professor, cubra os tracejados com canetinha hidrocor.

Cubra os tracejados e, depois, leia as palavras em voz alta.

 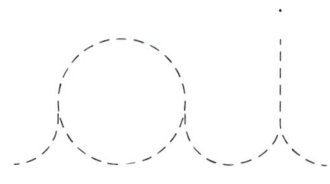

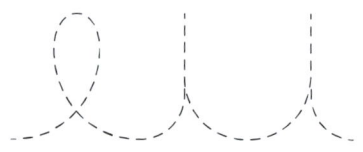 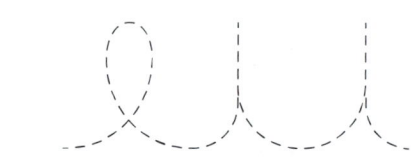

Números

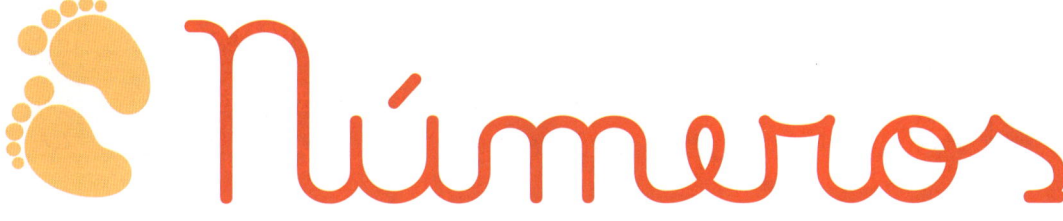

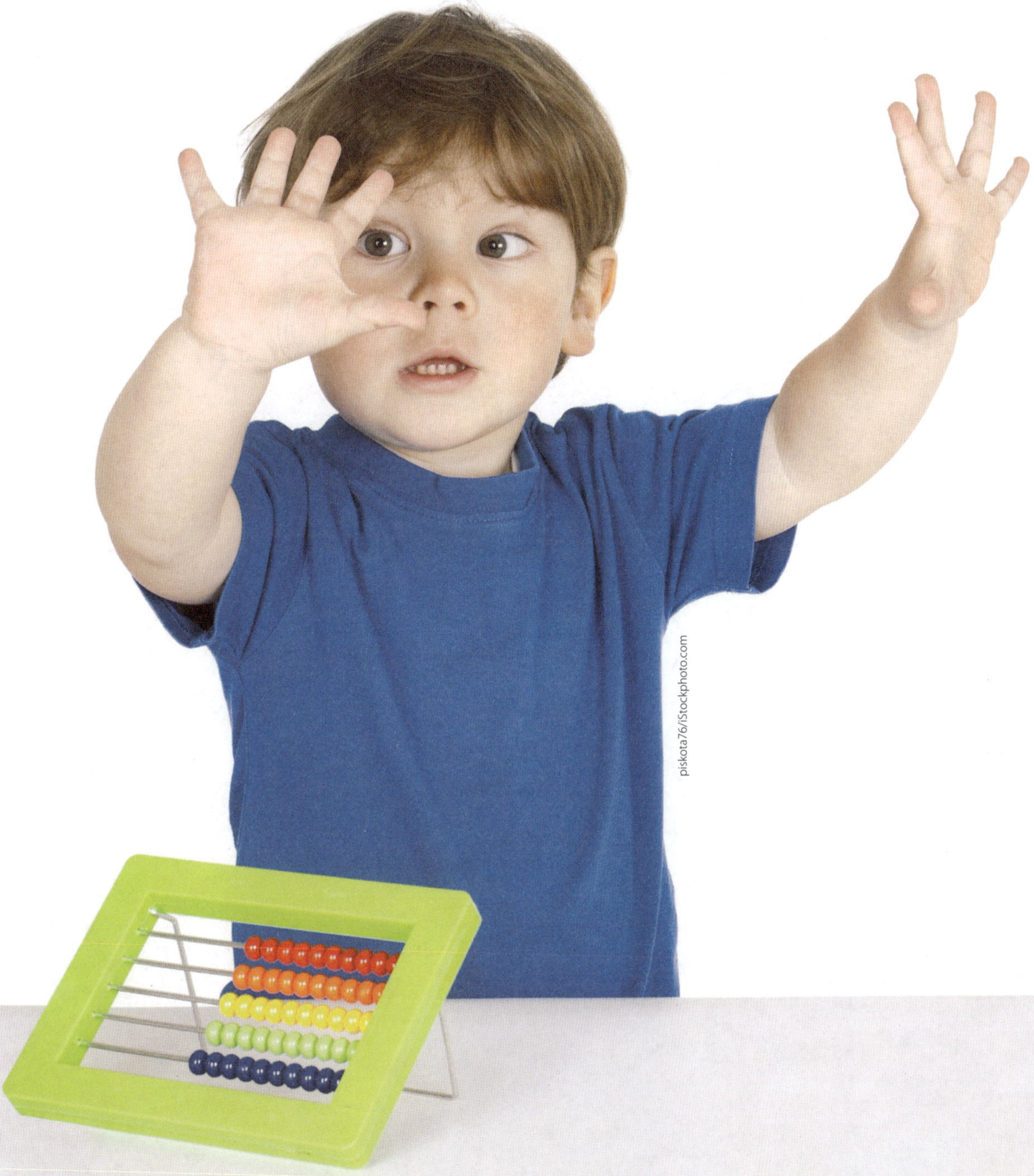

piskota76/iStockphoto.com

SUMÁRIO

Coordenação motora 95
Recreação 113
Formas iguais e diferentes 127
Cores 136
Tamanho (grande/pequeno; maior/menor) 144
Peso (leve/pesado) 151
Comprimento (curto/comprido) 154
Quantidade (muito/pouco; mais/menos) 158
Altura (alto/baixo) 163
Posição (em cima/embaixo; dentro/fora; na frente/atrás; perto/longe; de frente/de costas; sentado/deitado; subindo/descendo; aberto/fechado) 166
Espessura (grosso/fino; largo/estreito) 181
Cheio e vazio 184
Numerais 187
Conjuntos 202
    Conjunto vazio 204
    Conjunto unitário 204

COORDENAÇÃO MOTORA

Cubra o pontilhado para descobrir a figura de um doce. Depois, pinte-o com capricho.

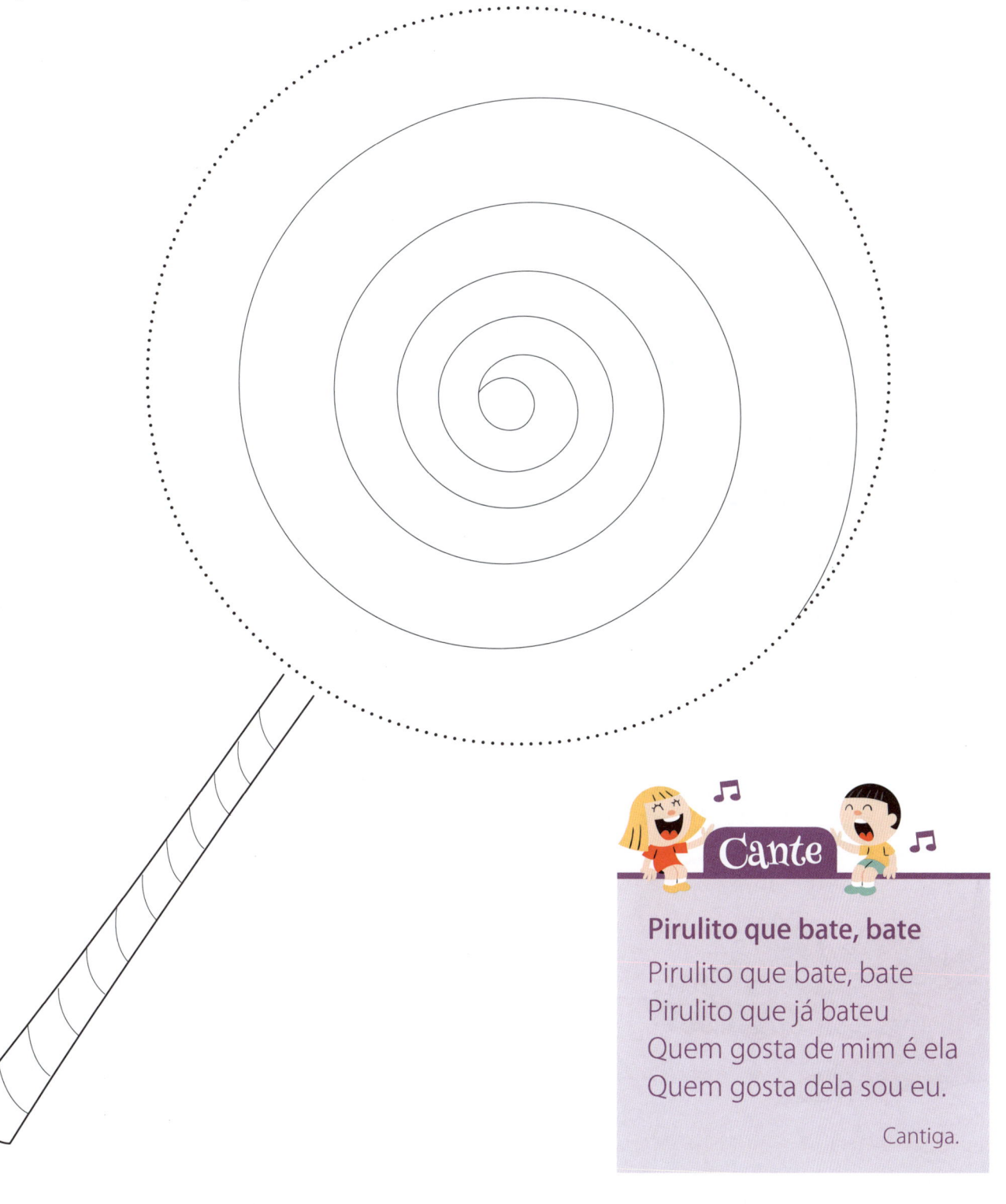

Pirulito que bate, bate

Pirulito que bate, bate
Pirulito que já bateu
Quem gosta de mim é ela
Quem gosta dela sou eu.

Cantiga.

A folha caiu da árvore.
Desenhe o caminho que ela fará até o chão.

Filó, a joaninha, acordou cedinho. Abriu a janela de sua casa e disse:
– Que lindo dia! Vou aproveitar para visitar minha tia.

Nye Ribeiro. **De bem com a vida**. São Paulo: Editora do Brasil, 2012. p. 4.

Leve a Joaninha Filó até a casa da Tia Matilde.

Cante

Janelinha

A janelinha fecha
Quando está chovendo
A janelinha abre
Se o Sol está aparecendo.

Fechou, abriu
Fechou, abriu, fechou.
Abriu, fechou
Abriu, fechou, abriu.

Cantiga.

Cubra os tracejados e ligue cada janelinha ao clima correspondente a ela. Use giz de cera.

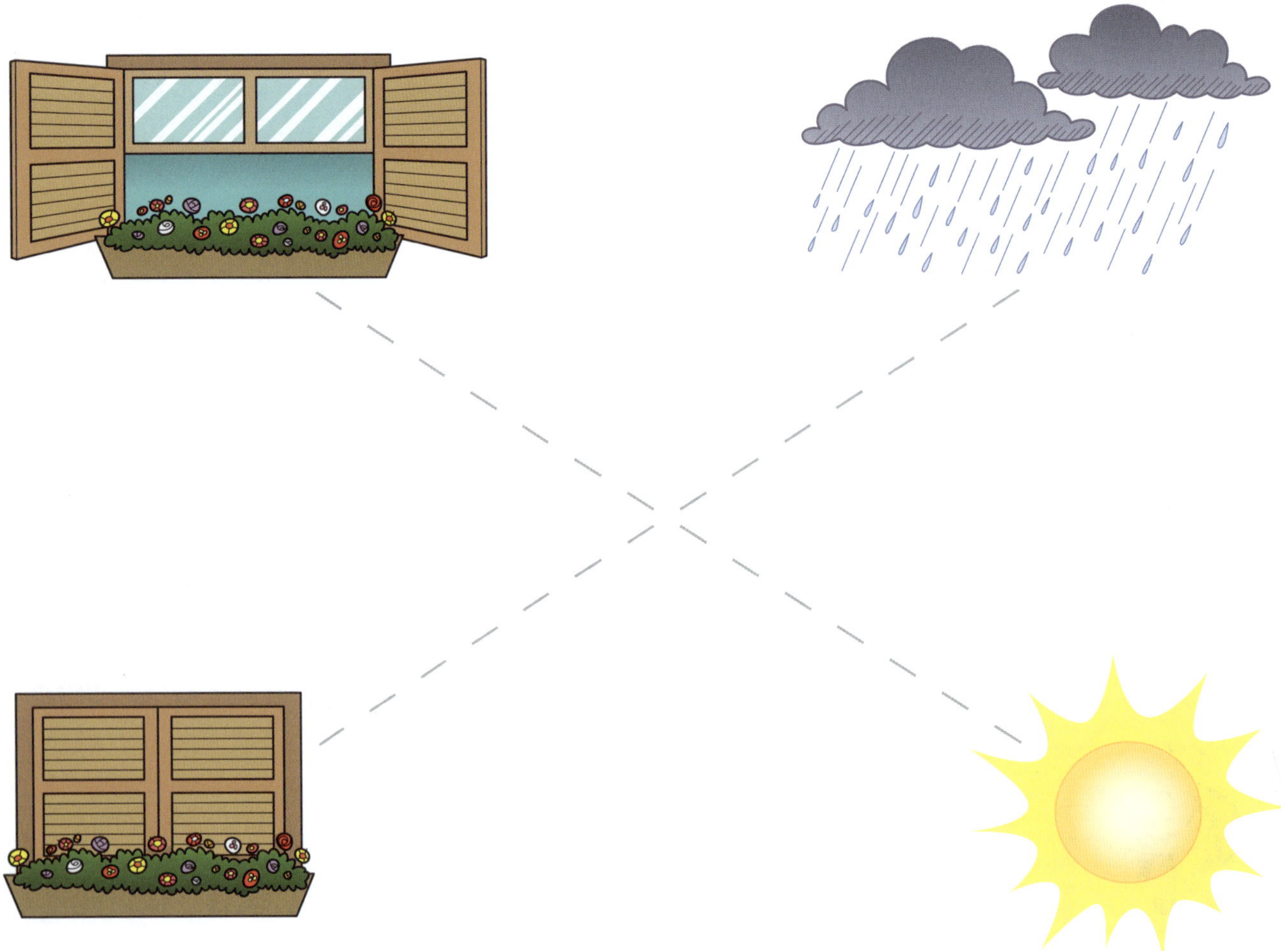

Abrimos o guarda-chuva quando está chovendo.

Com lápis de cor ![azul], continue desenhando os pingos caindo sobre o guarda-chuva.

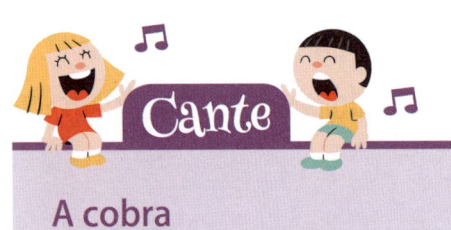

A cobra

A cobra não tem pé
A cobra não tem mão
E como é que cobra sobe
Num pezinho de limão?

Cantiga.

KirsanovV/iStockphoto.com

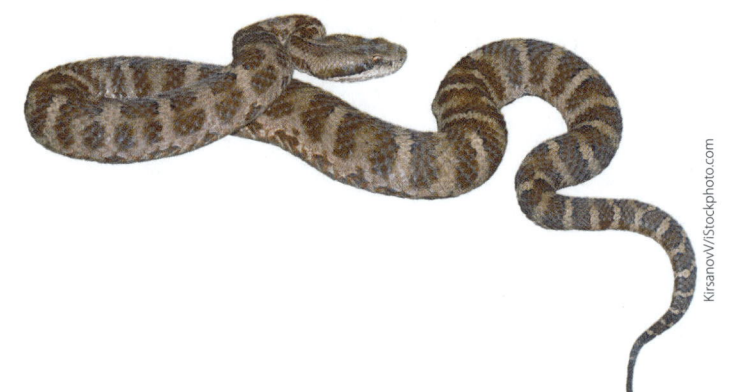

Desenhe a cobra subindo no pezinho de limão. Depois, pinte tudo com capricho.

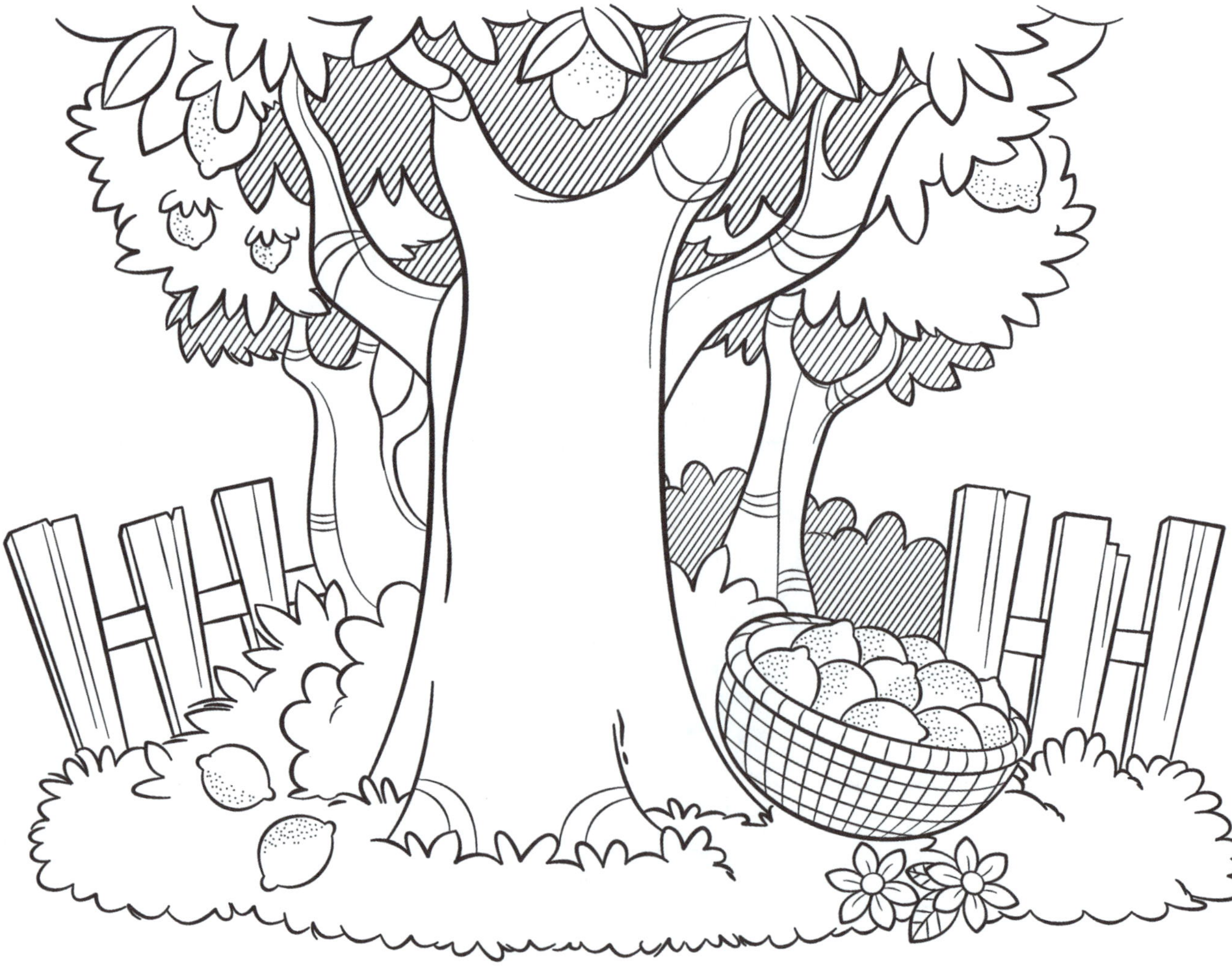

Corrente de formiguinhas
Caminho de formiguinhas
fiozinho de caminho.
Caminho de lá vai um,
atrás de uma lá vai outra.
Uma, duas argolinhas,
corrente de formiguinhas.
[...]

Lisboa, H. Corrente de formiguinhas. In: **O menino poeta – obra completa**. São Paulo: Peirópolis, 2008. p. 20.

Observe as formiguinhas caminhando. Com canetinha hidrocor ▰, continue a desenhar a fila de formiguinhas. Depois, pinte o formigueiro de ▰.

Cante

Meu galinho

Há três noites que eu não durmo ô lá lá,
Pois perdi o meu galinho ô lá lá.
Coitadinho ô lá lá,
Pobrezinho ô lá lá,
Se perdeu lá no jardim.

Cantiga.

Cubra o tracejado e descubra um animalzinho. Depois, pinte o desenho usando giz de cera deitado.

Atrás da pia

Atrás da pia tem um prato
Um pinto e um gato
Pinga a pia, apara o prato
Pia o pinto e mia o gato.

Trava-língua.

Tony Campbell/Shutterstock

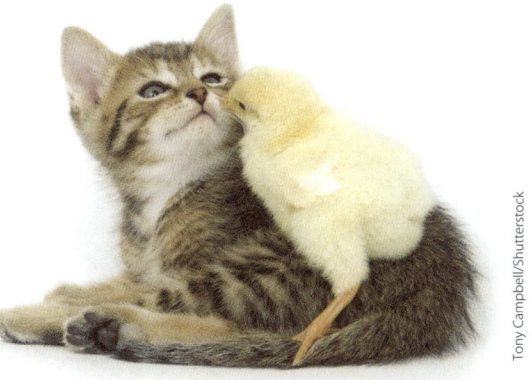

Os pintinhos estão com fome. Ligue os pontos e leve-os até as minhocas.

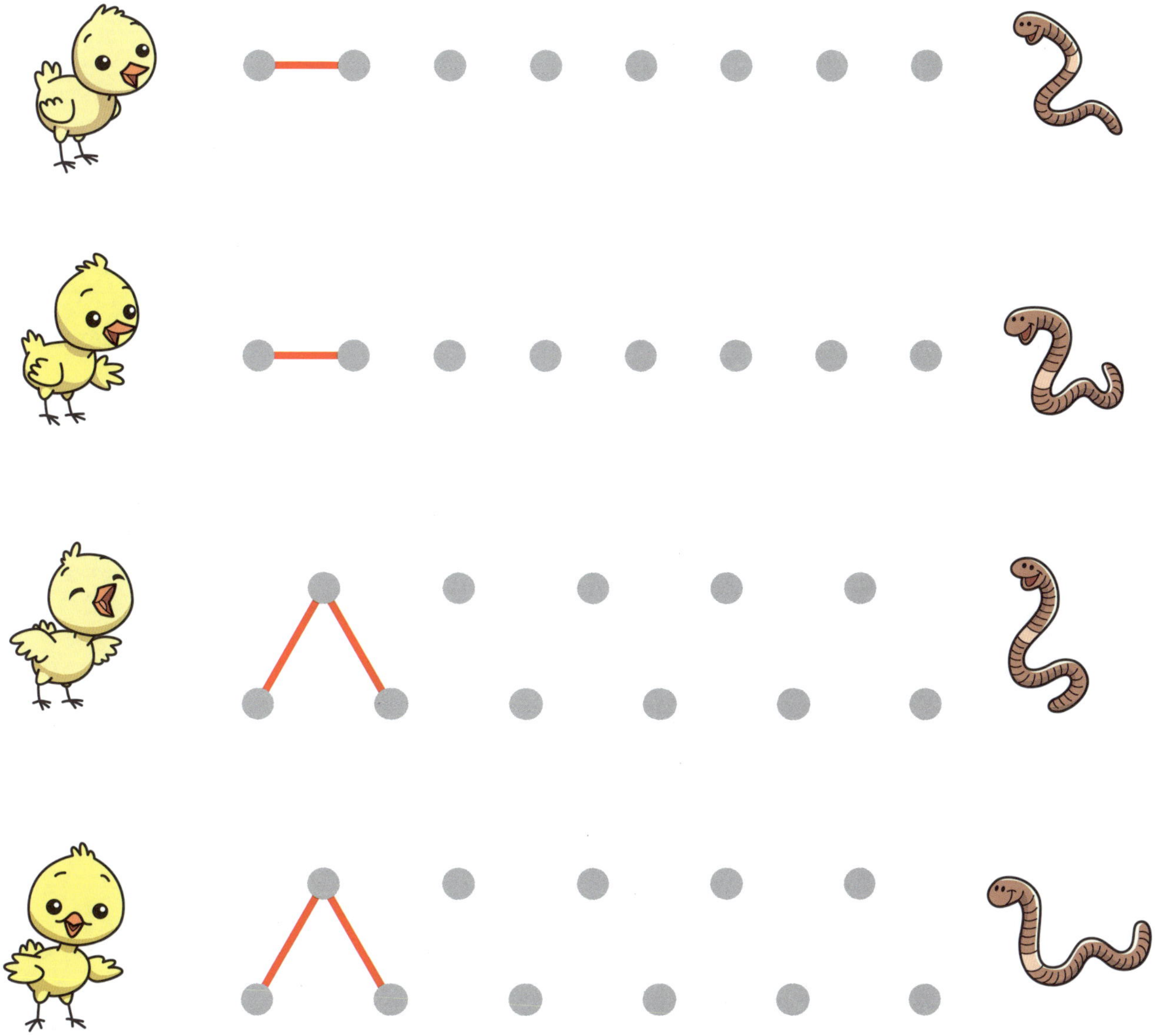

Cante

O meu chapéu

O meu chapéu tem três pontas
Tem três pontas o meu chapéu
Se não tivesse três pontas
Não seria o meu chapéu.

Cantiga.

Siga o passo a passo e faça a dobradura de um chapéu de três pontas. Agora, cubra o tracejado para mostrar como o chapéu ficou depois de pronto. Pinte-o com giz de lousa colorido.

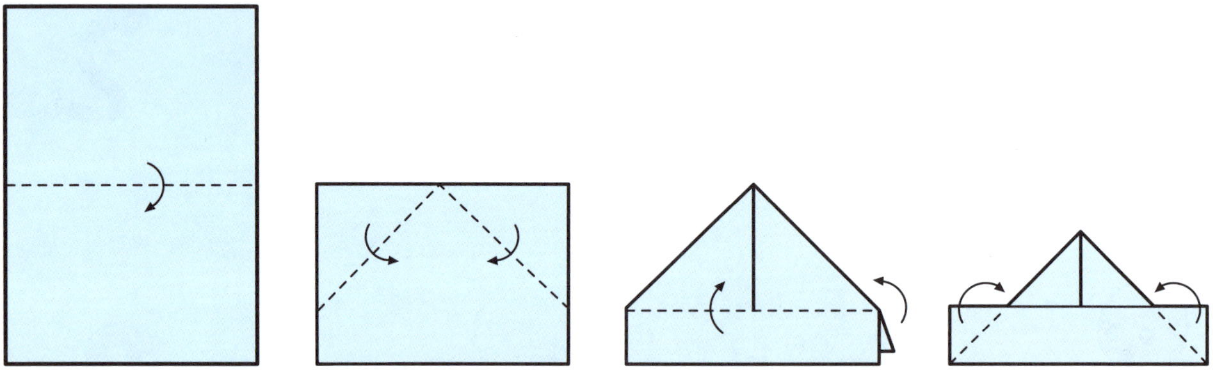

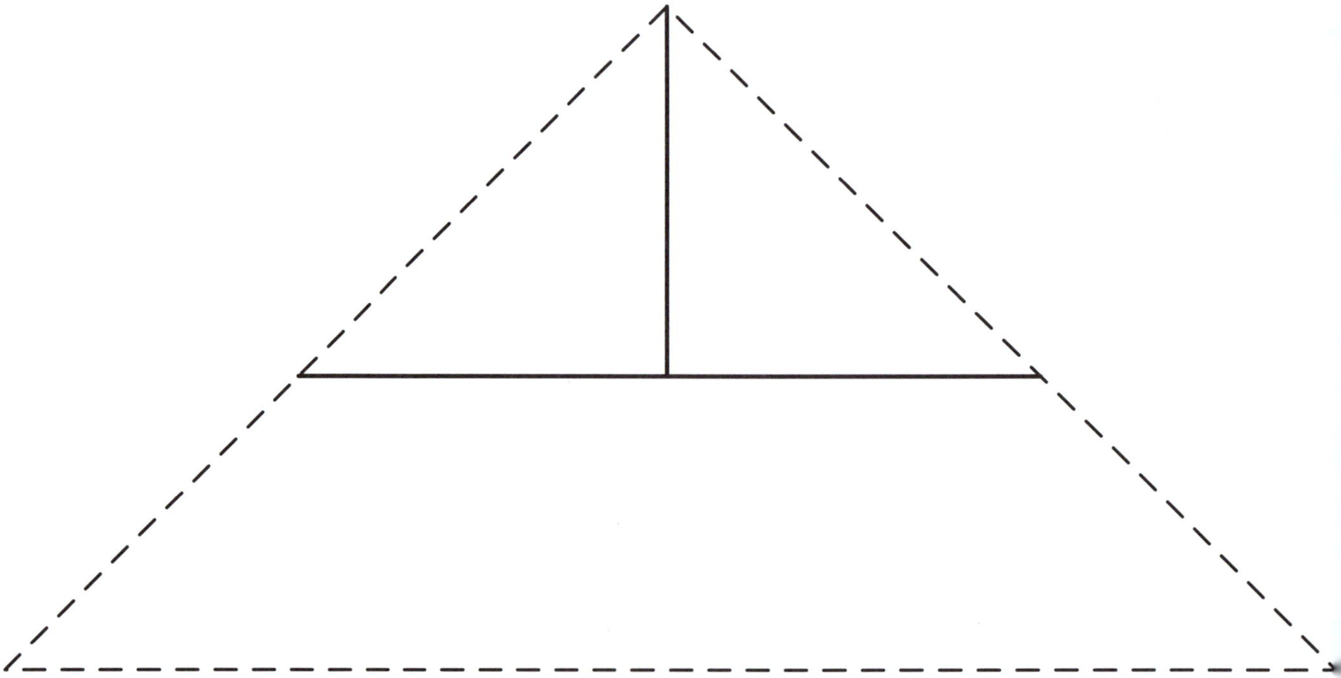

A Lua

A Lua pinta a rua de prata
e na mata a Lua parece
um biscoito de nata.
[...]

Roseana Murray. In: Vera Aguiar (Coord.). **Poesia fora da estante**. 7. ed. Porto Alegre: Projeto, 2000. p. 78.

Cubra o tracejado e cole papel prateado picado na Lua.

A pulga
Um, dois, três
Quatro, cinco, seis
Com mais um pulinho
Estou na perna do freguês.
[...]

"A pulga", de Vinicius de Moraes. In: **A arca de Noé: poemas infantis**. São Paulo: Cia. das Letras, Editora Schwacz Ltda., 1991. p. 60.

Cubra os pontilhados e leve as pulguinhas às pernas dos fregueses.

Um, dois, feijão com arroz

Um, dois, feijão com arroz
Três, quatro, feijão no prato
Cinco, seis, molho inglês
Sete, oito, comer biscoitos
Nove, dez, comer pastéis.

Parlenda.

Cubra o tracejado e continue laçando os alimentos na ordem em que são citados na parlenda.

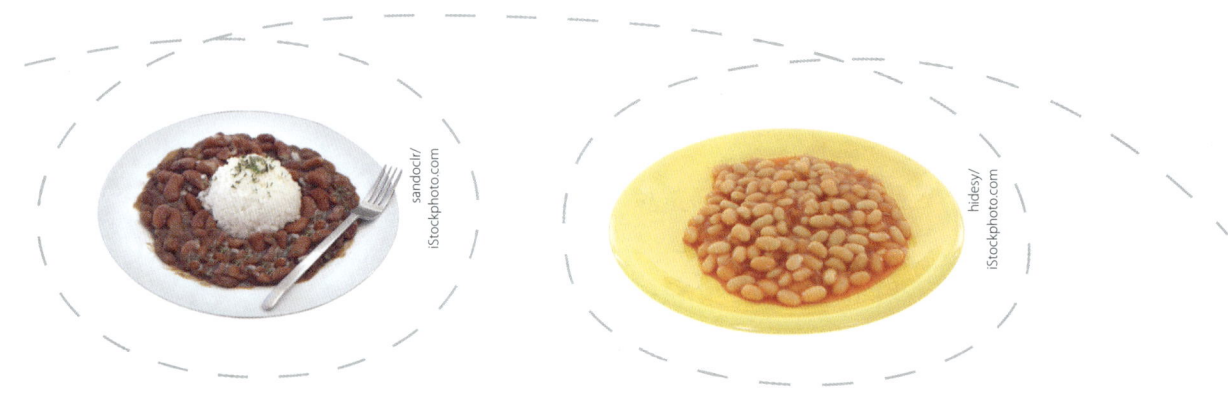

O que é, o que é?
Sou grande e valente demais!
Sou conhecido como o rei dos animais.

Adivinha.

Assinale um **X** na resposta da adivinha. Depois, pinte os animais com capricho.

Observe a obra de arte do pintor Henri Matisse. Ela foi criada há muito tempo e recebeu o nome de *Peixes dourados*.

Com giz de cera, cubra o tracejado do aquário e, depois, desenhe peixes dourados dentro dele.

Henri Matisse. **Peixes dourados**, 1912. Óleo sobre tela, 140 × 95 cm.

Cante

Indiozinhos

Um, dois, três indiozinhos
Quatro, cinco, seis indiozinhos
Sete, oito, nove indiozinhos
Dez num pequeno bote.

Cantiga.

O que aconteceu com os indiozinhos?

Observe a cena e cubra o tracejado para completar o desenho de um animal. Depois, pinte-o com capricho.

Cante

A barata

A barata diz que tem
Sete saias de filó.
É mentira da barata,
Ela tem é uma só.

Cantiga.

Observe a saia da barata e termine de desenhar a estampa de cada parte.

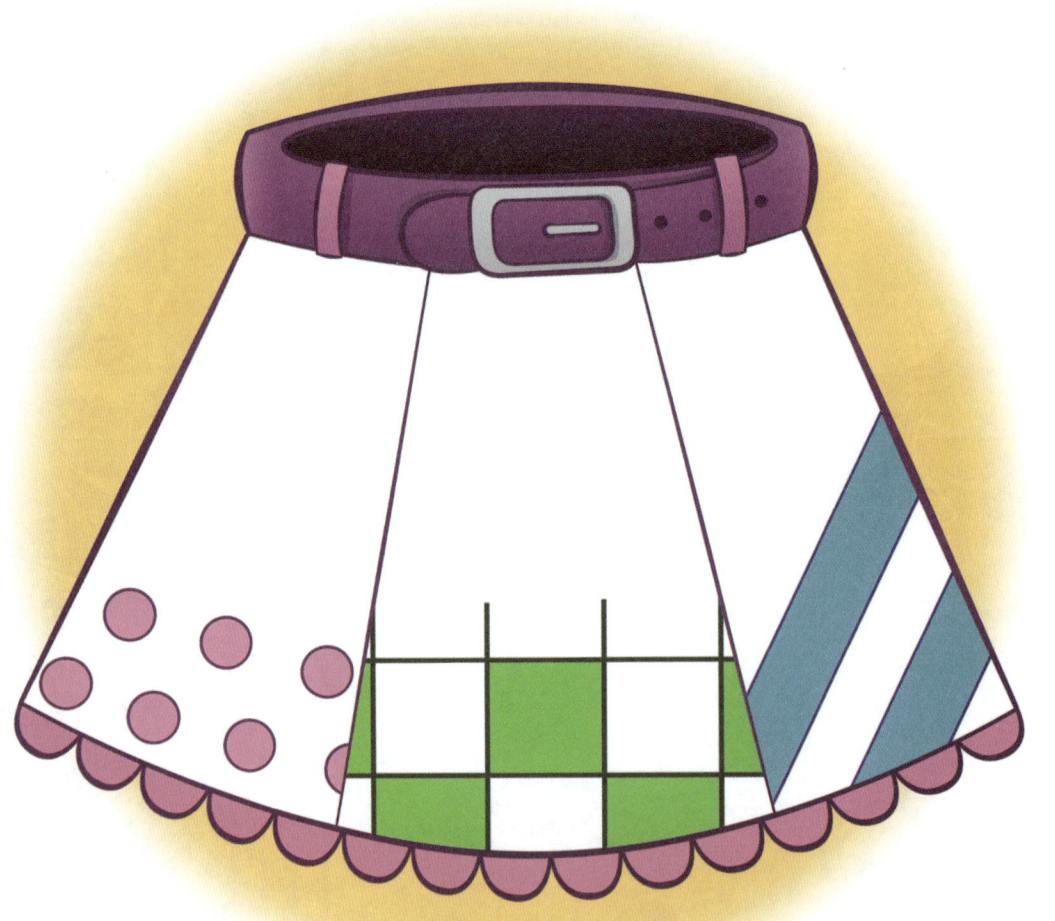

RECREAÇÃO

Recorte as peças do **jogo da memória**, junte-se com um colega e divirtam-se!

Observe as imagens a seguir e dê um bonito colorido a elas. Depois, com um colega, brinquem de mímica: escolha um dos animais e imite-o para o colega adivinhar.

Com a ajuda do professor, recolha diferentes folhas secas de árvores. Depois, escolha a folha de que mais gostar, coloque-a atrás desta página e faça uma pintura surpresa, usando giz de cera deitado.

Observe o baleiro abaixo. Ele está vazio. Vamos enchê-lo? Com papel colorido, faça balas nas cores e nas quantidades indicadas. Depois, cole-as dentro do baleiro.

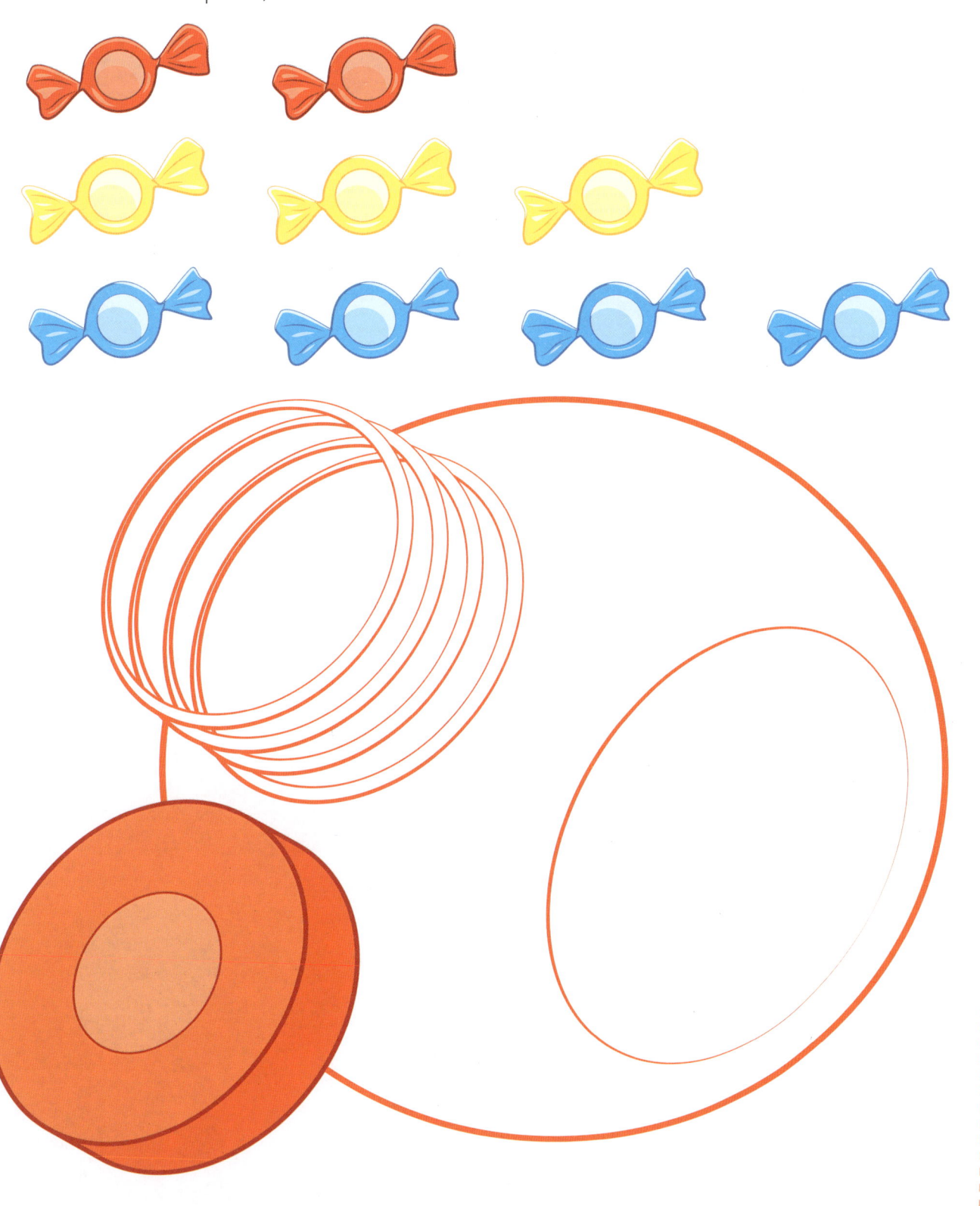

Bola de gude

A maior bola do mundo
é de fogo e se chama Sol,
a bola mais conhecida
é a de jogar futebol.

Certa bola colorida
jogar bem eu nunca pude,
é de vidro essa bandida
e chama-se bola de gude.

Ricardo Azevedo. **Dezenove poemas desengonçados**. 7. ed. São Paulo: Ática, 2006. p. 17.

Com tinta para pintura a dedo, pinte as três bolas citadas no texto de acordo com o modelo.

Observe o desenho a seguir.
Depois, complete o segundo desenho para ficar igual ao primeiro.

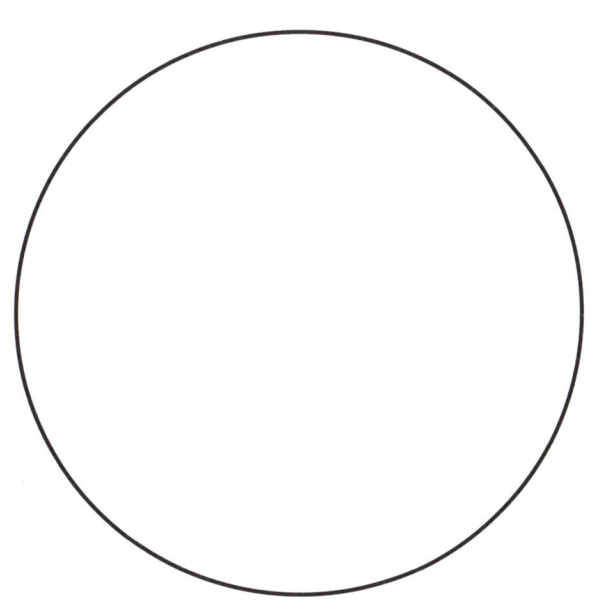

Observe as figuras.
Depois, complete o que falta em cada uma e pinte-as bem colorido.

Salada, saladinha
Salada, saladinha
Bem temperadinha
Com sal, pimenta
Um, dois, três.

Parlenda.

Pique papel 🟩 e 🟧 e cole no prato para montar uma bela saladinha de alface com cenoura.

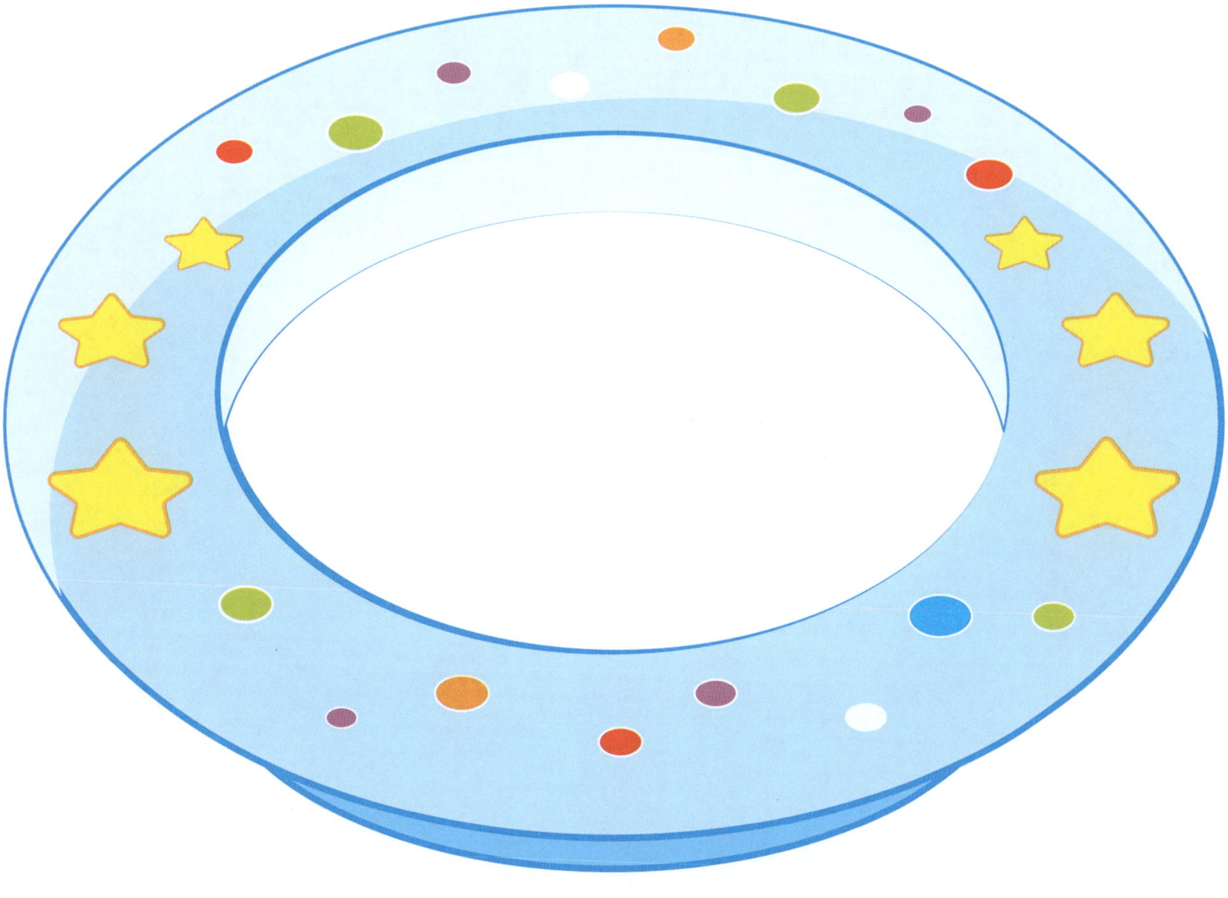

Aproveita, minha gente
Aproveita e não demora
Que a melancia está acabando
Que meu carro já vai embora.

Quadrinha.

João tem um caminhão e vende melancias.
Usando tinta guache na cor 🟢, pinte as melancias do caminhão com a ponta de seu dedo indicador.

FORMAS IGUAIS E DIFERENTES

Observe cada sequência e faça um **X** na figura **diferente**.

Em cada sequência, pinte as figuras **iguais**.

Pinte o peixinho **diferente** para que ele fique **igual** a seus companheiros.

Circule com a mesma cor as figuras **iguais**.

Marque um **X** na figura que está **diferente** em cada quadro.

Em cada sequência, pinte a forma **diferente**.

Marcha soldado

Marcha soldado
Cabeça de papel
Se não marchar direito
Vai preso pro quartel.

O quartel pegou fogo
A polícia deu sinal
Acode, acode, acode
A Bandeira Nacional

Cantiga.

Observe as imagens e ligue as figuras **iguais**.

O que é, o que é?
Vai para a janela logo que entra em casa.

Adivinha.

Marque com um **X** o botão **diferente**.

Observe os botões e pinte os que forem **iguais**.

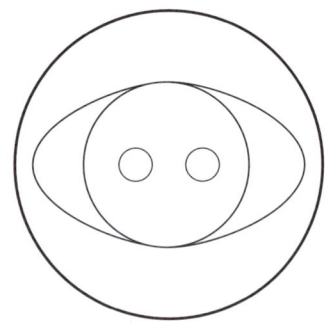 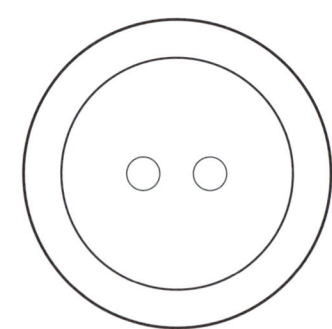 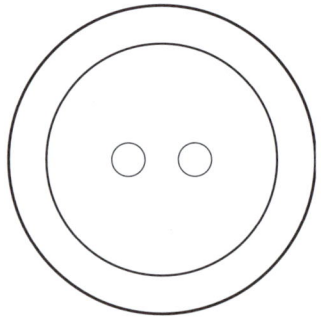

Pinte cada botão usando uma cor **diferente**.

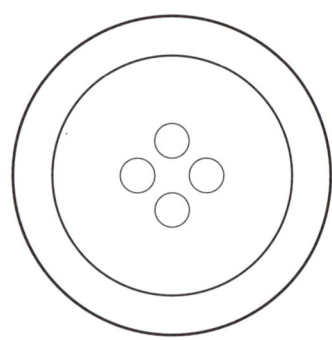 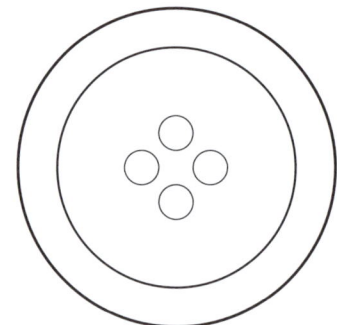 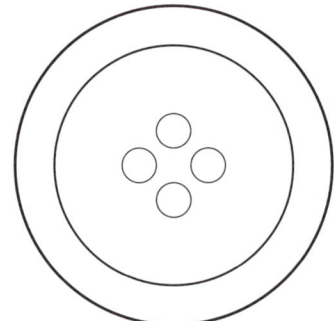

O que é, o que é?
Qual é o passarinho que sempre espia a gente?

Adivinha.

Pinte o passarinho diferente. Ele é um bem-te-vi.

CORES

[...]
Veja só o arco-íris
Como, brincando, faz arte.
Usa as suas sete cores
Que, com cuidado, reparte
E transforma um céu chuvoso
Num espetáculo à parte.
[...]

Maria Augusta de Medeiros. **Cores em cordel**. São Paulo: Formato, 2012. p. 30.

Observe a tabela e pinte as figuras com a cor sugerida.

As borboletas

Brancas
Azuis
Amarelas
E pretas
Brincam
Na luz
As belas
Borboletas.
[...]

"As borboletas", de Vinicius de Moraes. In: **A arca de Noé: poemas infantis**. São Paulo: Cia. das Letras, Editora Schwarcz Ltda., 1991. p. 50.

Pinte as borboletas com as cores descritas no poema.

Ligue os animais **iguais** e pinte-os com a mesma cor.

Pinte os guarda-chuvas com a mesma cor da camiseta de cada criança.

Pinte a cena com capricho.

O girassol
Sempre que o Sol
Pinta de anil
Todo o céu
O girassol
Fica um gentil
Carrossel.
[...]

"O girassol", de Vinicius de Moraes. In: **A arca de Noé: poemas infantis**. São Paulo: Cia. das Letras, Editora Schwarcz Ltda., 1991. p. 22.

Uni, duni, tê,
Salamê, minguê,
Um sorvete colorê,
O escolhido foi você!

Parlenda.

Qual é a cor de seu sorvete preferido?
Pinte o sorvete com a cor do sabor de que você mais gosta.

Vamos ajudar o pintor?

Com lápis de cor, pinte as latas de tinta: uma 🟦, uma 🟥 e outra 🟨.

Pintor de Jundiaí

Tim, tim, tim
Quem bate aí?
Sou eu, minha senhora,
O pintor de Jundiaí.

Cantiga.

Circule apenas as frutas 🟢.

Faça uma **+** apenas nas frutas 🟣.

Faça um traço apenas nas frutas 🟠.

TAMANHO

A estrela-do-mar e o cavalo-marinho vivem nos oceanos e mares. Em cada sequência, pinte as figuras de **mesmo tamanho**.

Pinte a figura **maior** de ▰.

Pinte a figura **menor** de ▰.

No quadro a seguir, pinte de 🟡 os cachorros **grandes** e de 🟤 os **pequenos**.

Pinte o urso **menor**.

Com lápis de cor, pinte as princesas. Depois, ligue as que são do **mesmo tamanho**.

O que é, o que é?
Sou uma fruta vermelha por fora e branquinha por dentro.
Eu apareço na história da Branca de Neve.
Quem sou eu?

Adivinha.

Com canetinha hidrocor, faça bolinhas dentro da maçã **grande**.

– Alô, o tatu taí?
– Não, o tatu não tá, mas a mulher do tatu tando é o mesmo que o tatu tá.

Trava-língua.

Observe as figuras e ligue cada tatu à respectiva toca.

Desenhe uma bola **maior** do que esta.

Desenhe um balão **menor** do que este.

PESO

Minha cama

Um hipopótamo na banheira
Molha sempre a casa inteira.

A água cai e se espalha
Molha o chão e a toalha. [...]

Sérgio Capparelli. In: Vera Aguiar (Coord.). **Poesia fora da estante**. 7. ed. Porto Alegre: Projeto, 2000. p. 95.

Alguns animais são **leves** e outros são muito **pesados**. Pinte na cena o animal mais **pesado**.

Observe as imagens e circule a mochila que você considera ser a mais **leve**.

 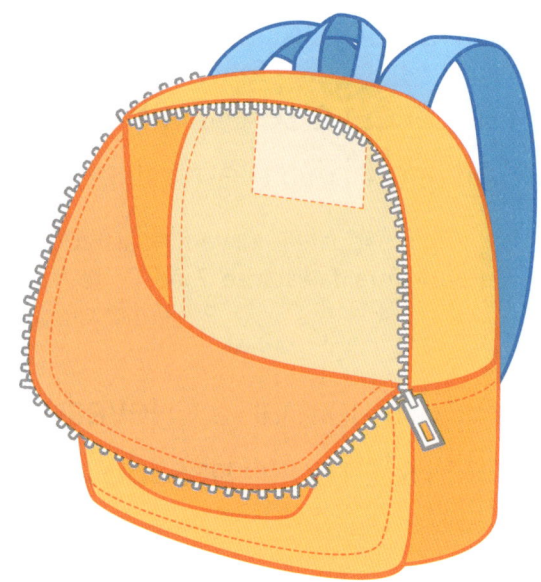

Observe as imagens e circule a jarra que, em sua opinião, está mais **pesada**.

O circo, quando chega, traz mágicos, trapezistas, palhaços e outros artistas que fazem a alegria da criançada. Os palhaços Bombom e Fiapinho trabalham juntos há muito tempo e são ótimos companheiros. Observe-os!

Agora, pinte de 🟧 a roupa do palhaço que, em sua opinião, é o mais **pesado** e, de 🟪, a roupa do mais **leve**.

COMPRIMENTO

Um macaco pode ter um rabo **curto**.

 Ou pode ter um rabo bem **comprido**.

Uma cobra pode ser **curta**.

 Ou pode ser **comprida**.

Observe as figuras e faça uma **+** no animal com o rabo mais **comprido**.

Cante

Minhoca

Minhoca, minhoca
Me dá uma beijoca
Não dou, não dou
Então eu vou roubar.

Minhoco, minhoco
Você é mesmo louco
Beijou do lado errado
A boca é do outro lado.

Cantiga.

Desenhe no jardim uma minhoca bem **comprida** e uma minhoca bem **curta** rastejando pelo chão.

Pipa, pandorga, papagaio ou arraia... Qual nome você dá a esse brinquedo?

Pinte as pipas. Depois, desenhe em uma delas uma rabiola **comprida** e, na outra, uma rabiola **curta**.

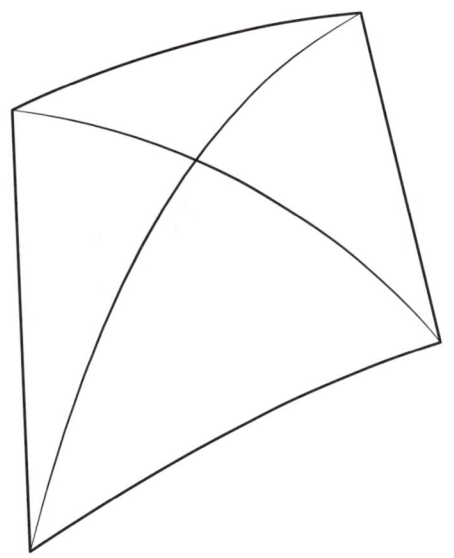
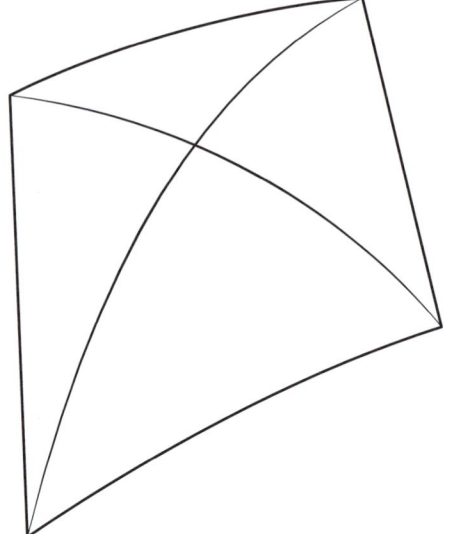

Observe o desenho dos bonecos feitos de blocos de madeira. Complete o segundo boneco desenhando nele pernas mais **curtas** do que as do primeiro boneco.

QUANTIDADE

Observe os ninhos a seguir. O primeiro tem **muitos** ovos e o outro tem **poucos** ovos.

Agora é sua vez! Desenhe **muitas** flores dentro do primeiro vaso e **poucas** flores dentro do outro vaso.

Observe o exemplo e desenhe para completar o quadro.

Ligue os grupos em que há a **mesma quantidade** de morangos, de maçãs e de peras.

Observe as goiabeiras e pinte aquela que tem **mais** goiabas. Depois, faça um **X** na que tem **menos** goiabas.

Pinte o grupo em que há **menos** joaninhas.

Pinte o grupo em que há **mais** borboletas.

ALTURA

Veja o time de basquete da escola de Murilo. Ele é o jogador mais **alto** do time. Encontre-o e circule-o.

O menino se distraiu e deixou escapar as bexigas que estava segurando.

Marque com um **X** a que está voando mais **baixo**.

Pinte de ✏️ o avião que voa mais **baixo**.
Depois, desenhe uma nuvem em um lugar mais **alto** do que o local onde estão os dois aviões.

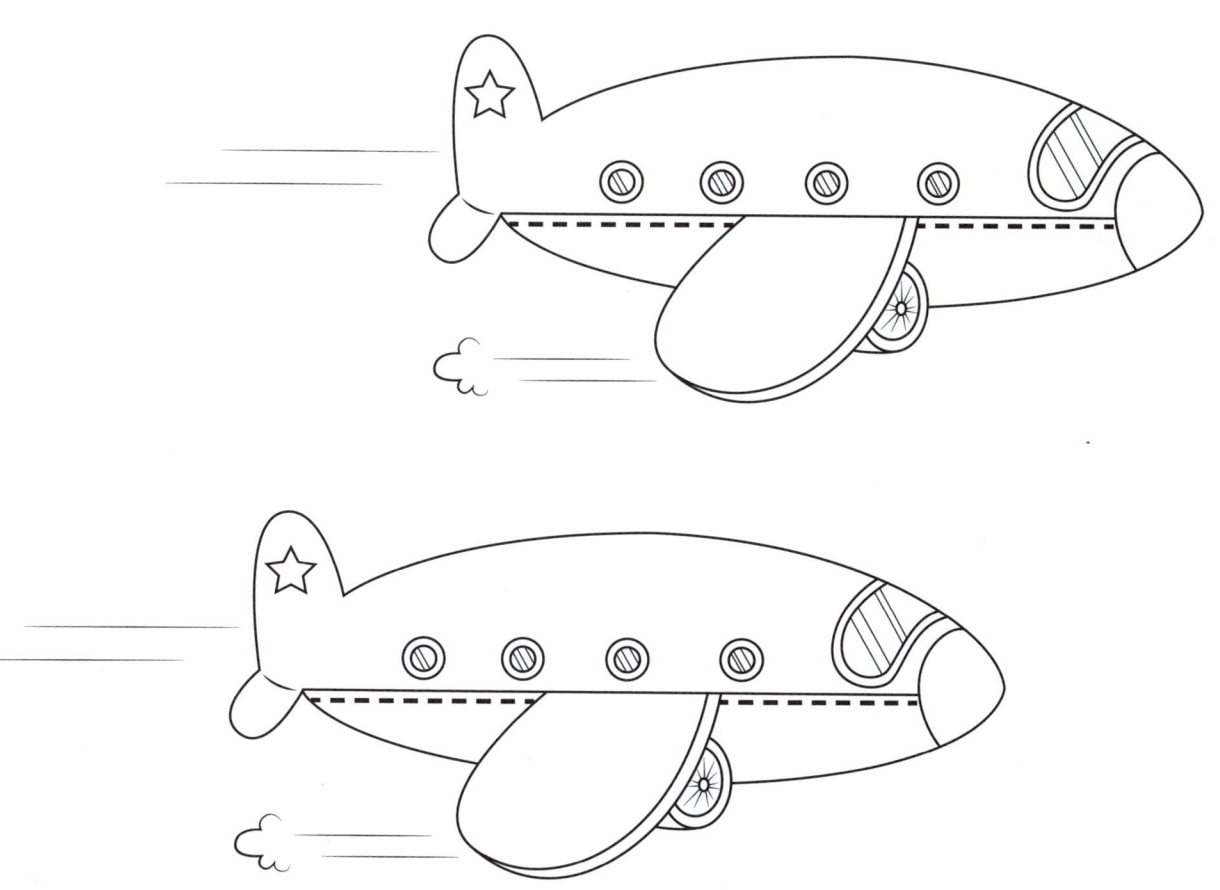

POSIÇÃO

Pinte os patinhos que estão **dentro** da lagoa e circule os que estão **fora** dela.

Observe o estojo abaixo.

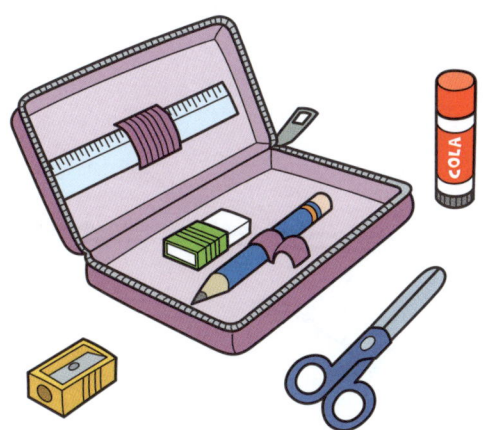

A seguir, pinte os quadros dos objetos que estão **dentro** do estojo e faça um **X** nos quadros dos objetos que estão **fora** dele.

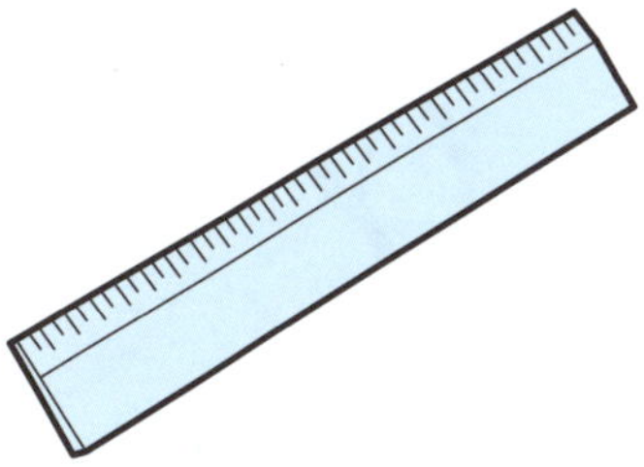

Pinte com lápis de cor 🟢 os brinquedos que estão **dentro** da caixa e, com lápis de cor 🟡, os que estão **fora**.

Cante

Parabéns da Galinha Pintadinha

[...]
É seu aniversário,
Todo mundo feliz.
Sopra a vela,
Corta o bolo,
Brigadeiro e pede bis. [...]

"Parabéns da Galinha Pintadinha"
(Marcos Luporini) © Som Livre
Edições Musicais.

Desenhe velinhas **em cima** do bolo de aniversário. Depois, desenhe um prato **embaixo** dele.

Circule os objetos que estão **em cima** da cama e faça um **X** nos objetos que estão **embaixo** dela.

Com canetinha hidrocor, desenhe um gatinho **em cima** da almofada.

Assinale um **X** na criança que está **atrás** da mesa.

Pinte o cachorro que está **na frente** da cerca.

Um pequeno dinossauro
Apareceu no jardim.
Educado, inteligente,
O seu nome era Joaquim.
[...]

Ruth Rocha. **Meu amigo dinossauro**. 5. ed. São Paulo: Melhoramentos, 2006. p. 2.

Pinte de 🖍 o dinossauro que está **atrás** da árvore.

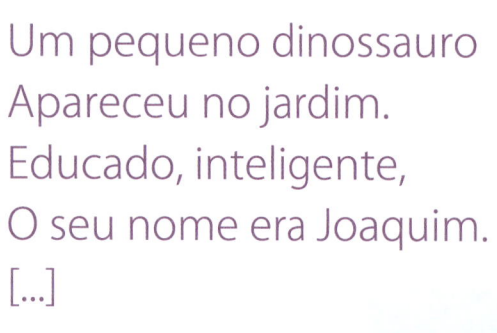

Desenhe uma bola **perto** do gol.

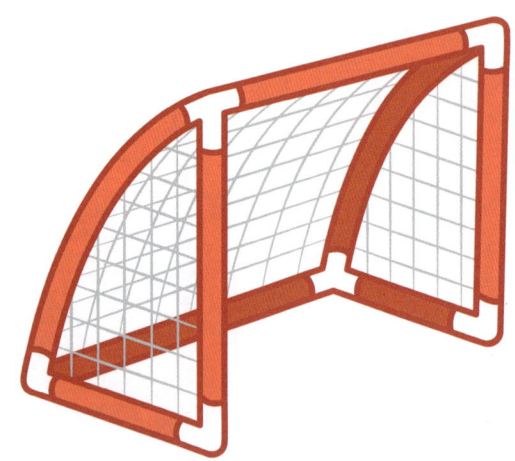

Desenhe um passarinho **longe** do chafariz.

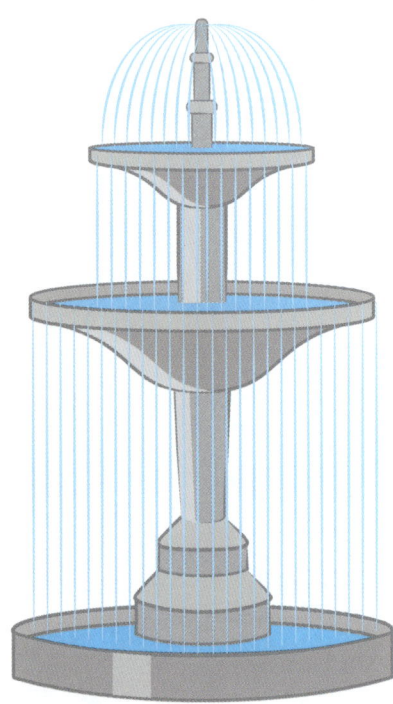

O rei e a rainha voltaram de um passeio. Leve-os até o portão do castelo que está **aberto**. Depois, circule de  o portão **fechado**.

Ligue com lápis 🟡 as crianças que estão **de frente**.
Ligue com lápis 🟢 as crianças que estão **de lado**.
Ligue com lápis 🔴 as crianças que estão **de costas**.

A escada sobe, a escada desce.
Circule o menino que está **subindo** a escada e faça um traço no o que está **descendo**.

Observe as crianças brincando no parquinho.
Circule de 🟥 a criança que está **subindo** no escorregador e de 🟦 a criança que está **descendo** pelo escorregador.

Circule o coelho que está **deitado**.

ESPESSURA

Marque um **X** no lápis mais **grosso**.

Circule e pinte o livro mais **fino**.

Escolha a estrada mais **larga** e leve o astronauta até o foguete. Use giz de lousa colorido molhado na água.

Fui no mato cortar lenha
O capim cortou meu pé
Amarrei com fita verde
Cabelinho de José.

Quadrinha.

Pinte de  ▨ a fita mais **estreita**.

CHEIO E VAZIO

Passa, passa, passarinho
Passa, passa, passarinho
Passa, passa, vai pro ninho.
Passa azul, passa azulão,
Passa pinhé, o gavião.
[...]

Nery Reiner. **Passa, passa, passarinho**. São Paulo: Nova Espiral, 2011. p. 18.

Pinte com giz de cera  🖍 o ninho que está **vazio**.

Circule os recipientes que estão **cheios**.

Com giz de cera, desenhe muitas maçãs dentro da cesta que está **vazia**.

As crianças queriam brincar na piscina de bolinhas do parque, mas ela estava **vazia**.

Ajude-as a se divertir desenhando muitas bolinhas na piscina para que ela fique **cheia**.

NUMERAIS

Este é o numeral 0.
Cubra o tracejado desse numeral usando giz de cera．

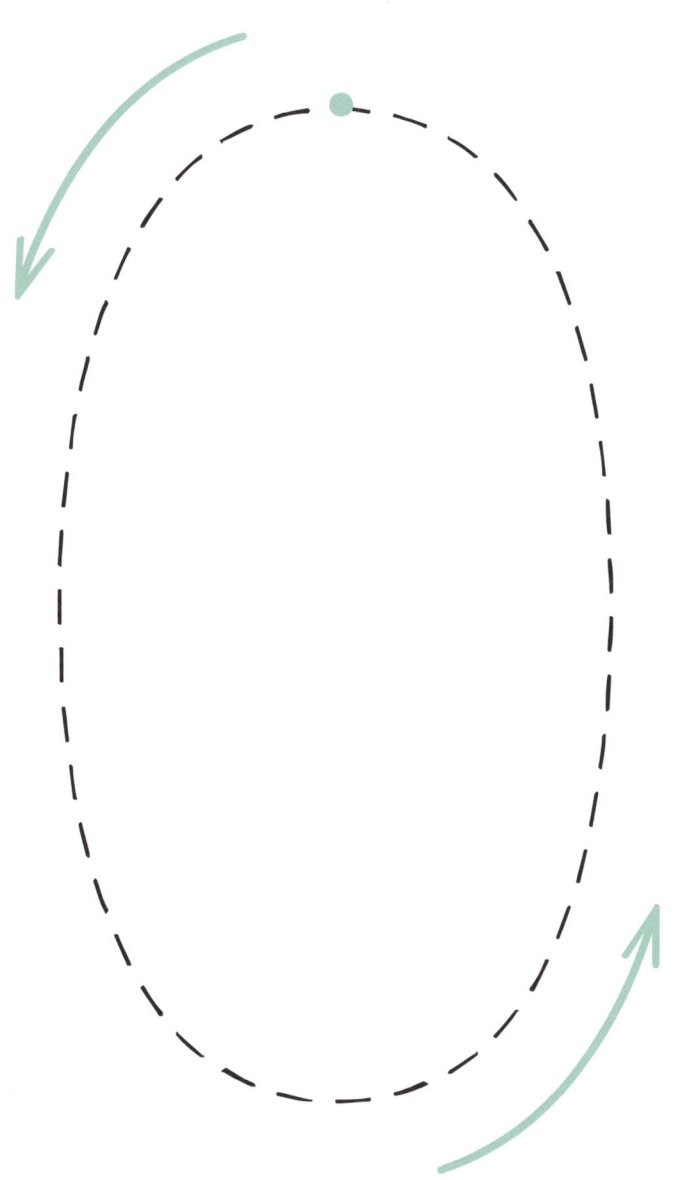

Cubra os tracejados do numeral 0 e, depois, faça-o sozinho mais duas vezes.

Este é o numeral 1. Cubra o tracejado desse numeral usando giz de cera .

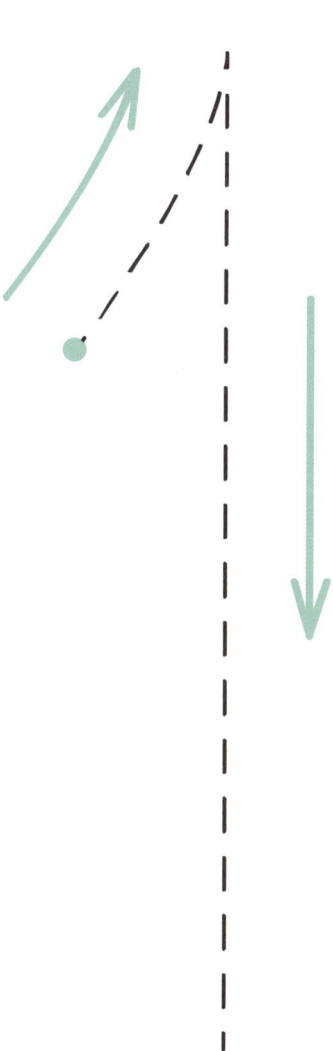

Cubra os tracejados do numeral 1 e, depois, faça-o sozinho mais duas vezes.

Este é o numeral 2.
Cubra o tracejado desse numeral usando giz de cera.

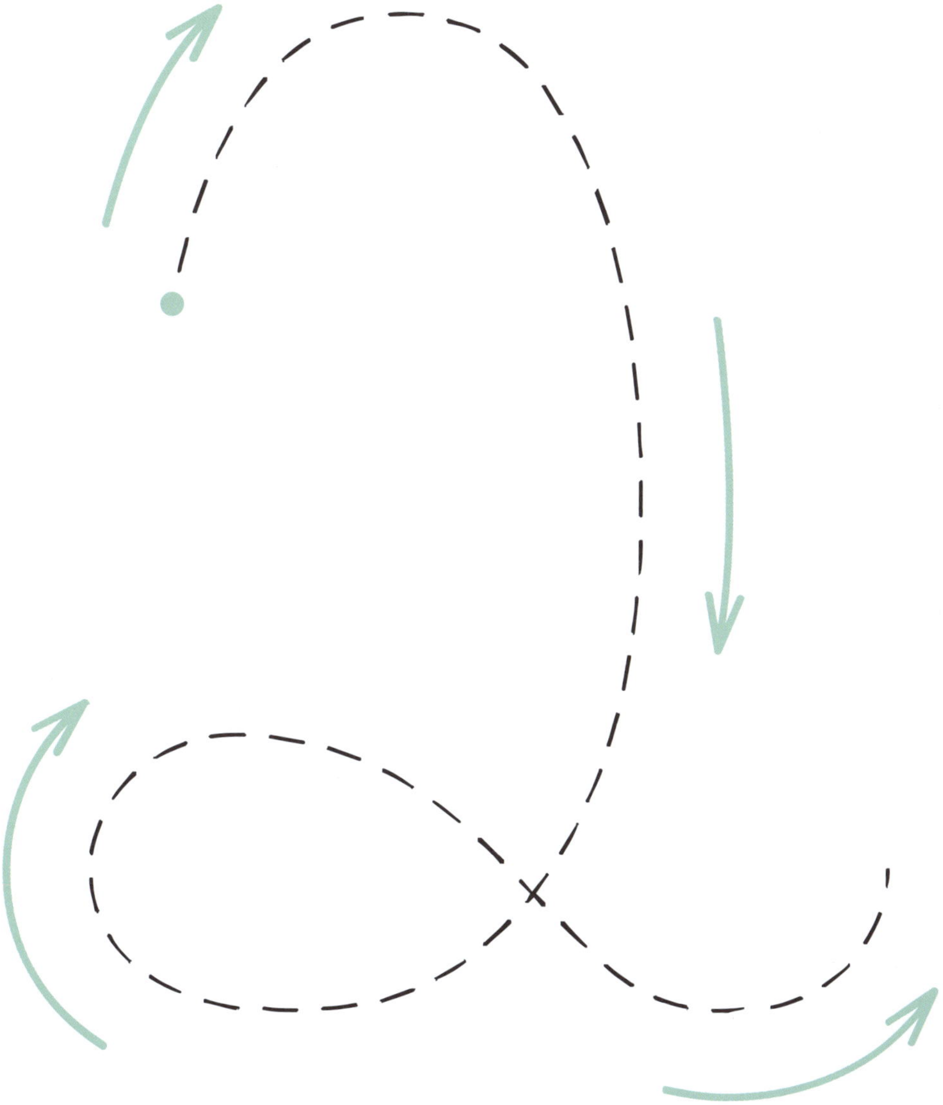

Cubra os tracejados do numeral 2 e, depois, faça-o sozinho mais duas vezes.

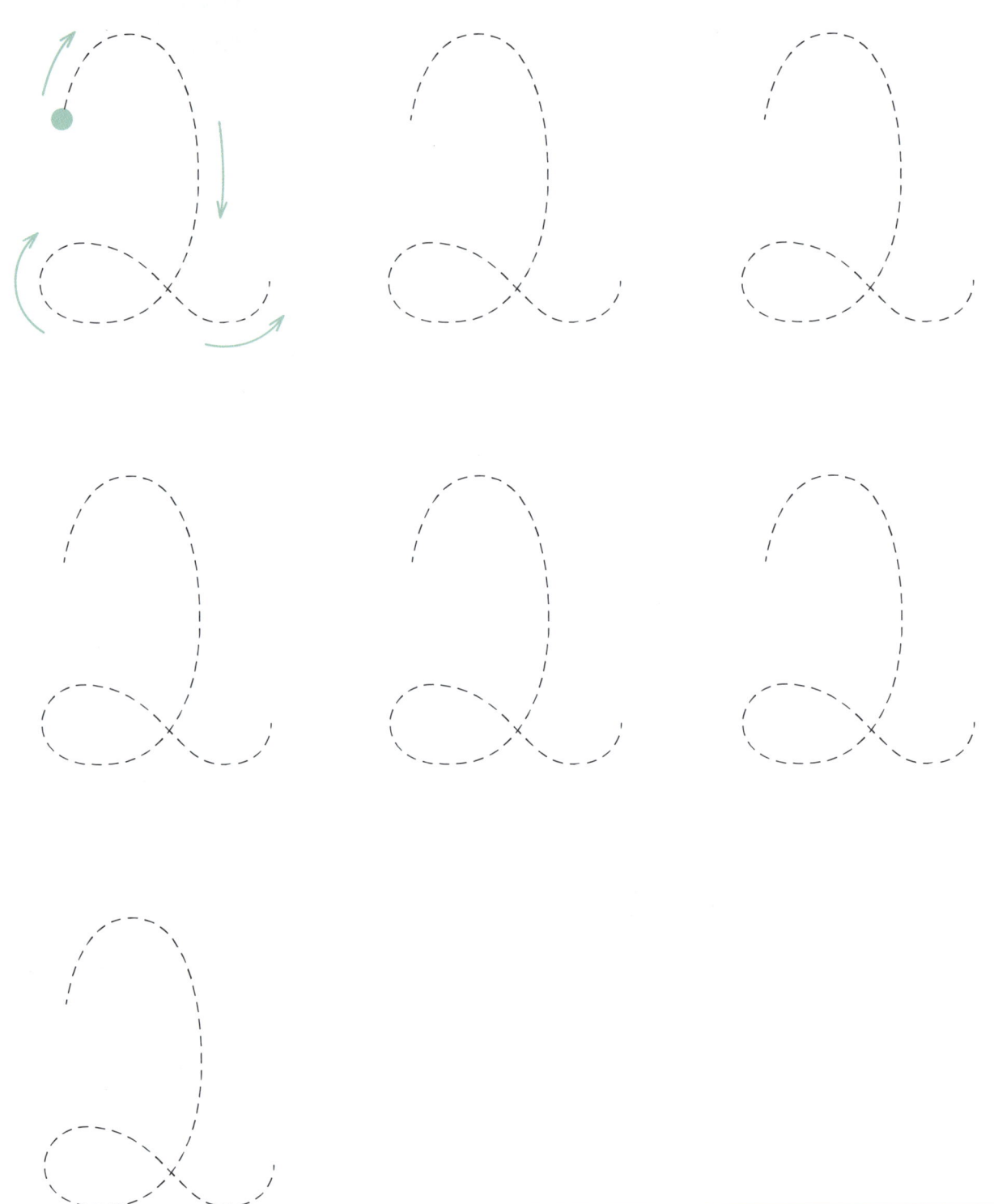

Este é o numeral 3.
Cubra o tracejado desse numeral usando giz de cera.

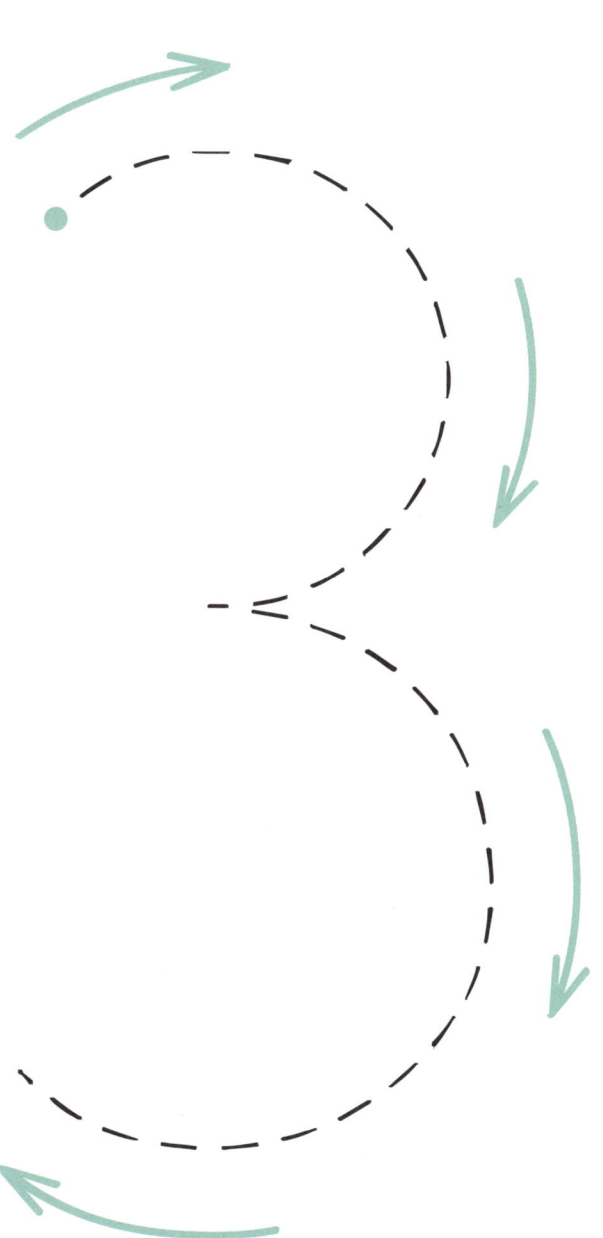

Cubra os tracejados do numeral 3 e, depois, faça-o sozinho mais duas vezes.

Este é o numeral 4.
Cubra o tracejado desse numeral usando giz de cera .

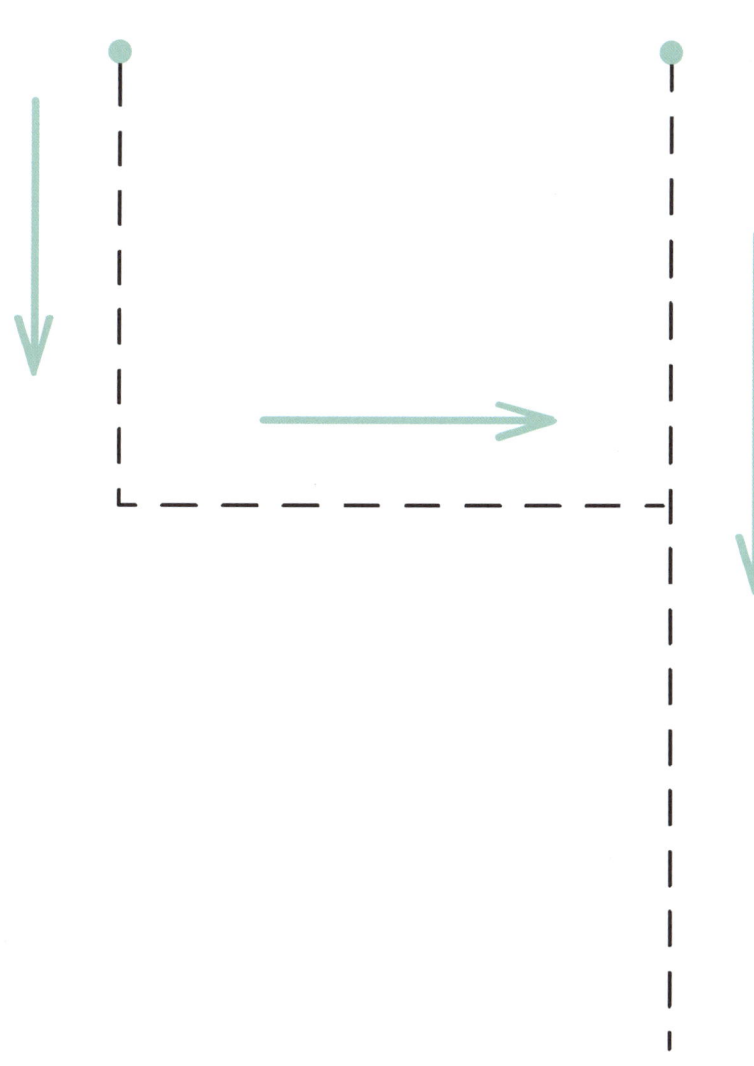

Cubra os tracejados do numeral 4 e, depois, faça-o sozinho mais duas vezes.

Este é o numeral 5.
Cubra o tracejado desse numeral usando giz de cera .

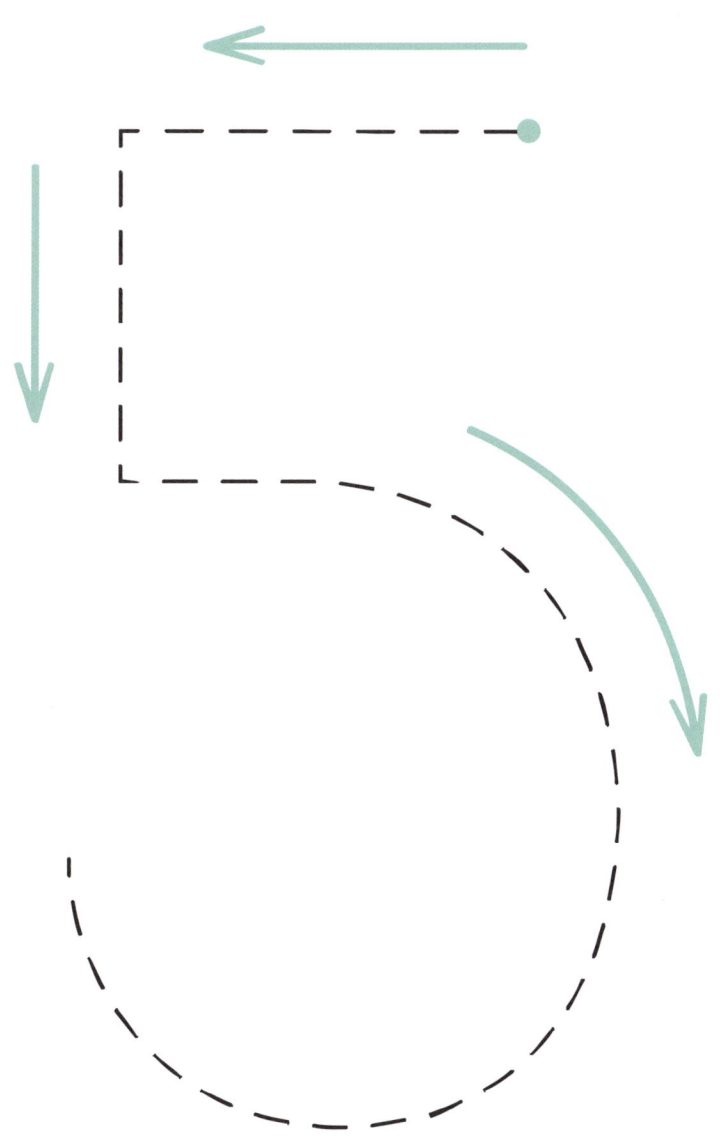

Cubra os tracejados do numeral 5 e, depois, faça-o sozinho mais duas vezes.

Um, tibum
Dois, arroz
Três, português
Quatro, carrapato
Cinco, pirulito.

Parlenda escrita especialmente para esta obra.

Estes numerais você já aprendeu. Vamos contar?

| 1 | 2 | 3 | 4 | 5 |

Agora, ligue os pontos seguindo a sequência dos numerais e descubra a figura que aparecerá.

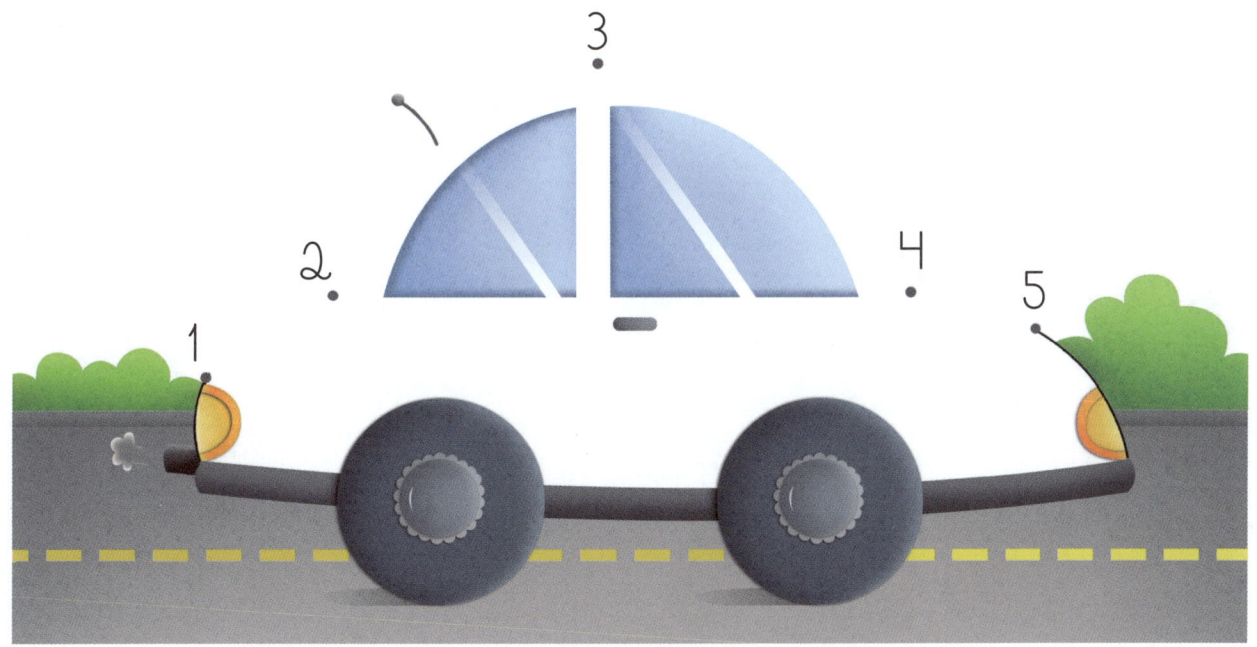

Cubra os tracejados dos numerais. Depois, conte quantos animais há em cada grupo e ligue-os aos numerais que os representam.

Observe as quantidades indicadas pelas mãozinhas e escreva os numerais que correspondem a elas.

Circule a imagem cuja quantidade de peixes representa o número 0.

CONJUNTOS

Cada grupo de elementos que está fechado por uma linha chama-se **conjunto**.

Conjunto de bolas.

Conjunto de bonecas.

Conjunto de canetas.

Ligue cada figura ao conjunto a que pertence.

Conjunto vazio

Quando o conjunto não tem elementos é chamado de conjunto **vazio**.

O numeral correspondente a esse conjunto é **0** (zero).

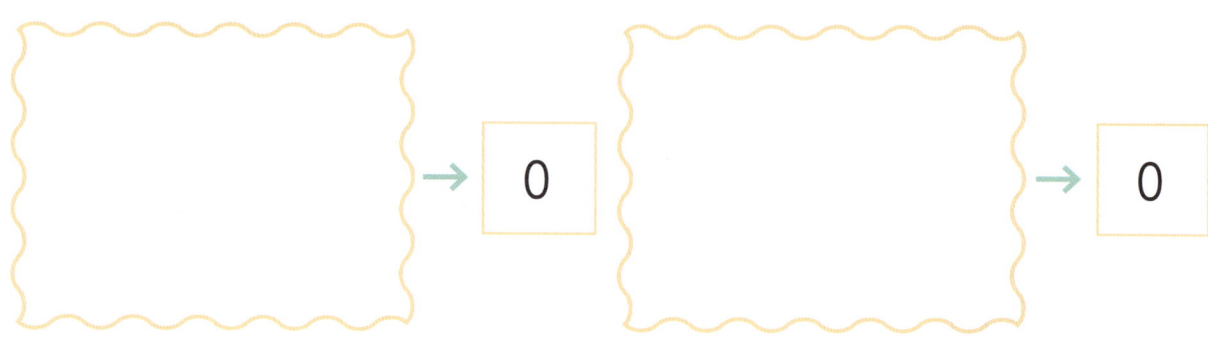

Conjunto unitário

Quando o conjunto tem apenas 1 elemento é chamado de conjunto **unitário**.

O numeral correspondente a esse conjunto é **1** (um).

Pinte somente os conjuntos que têm **1** (um) elemento.

Marque um traço nos conjuntos **vazios**.

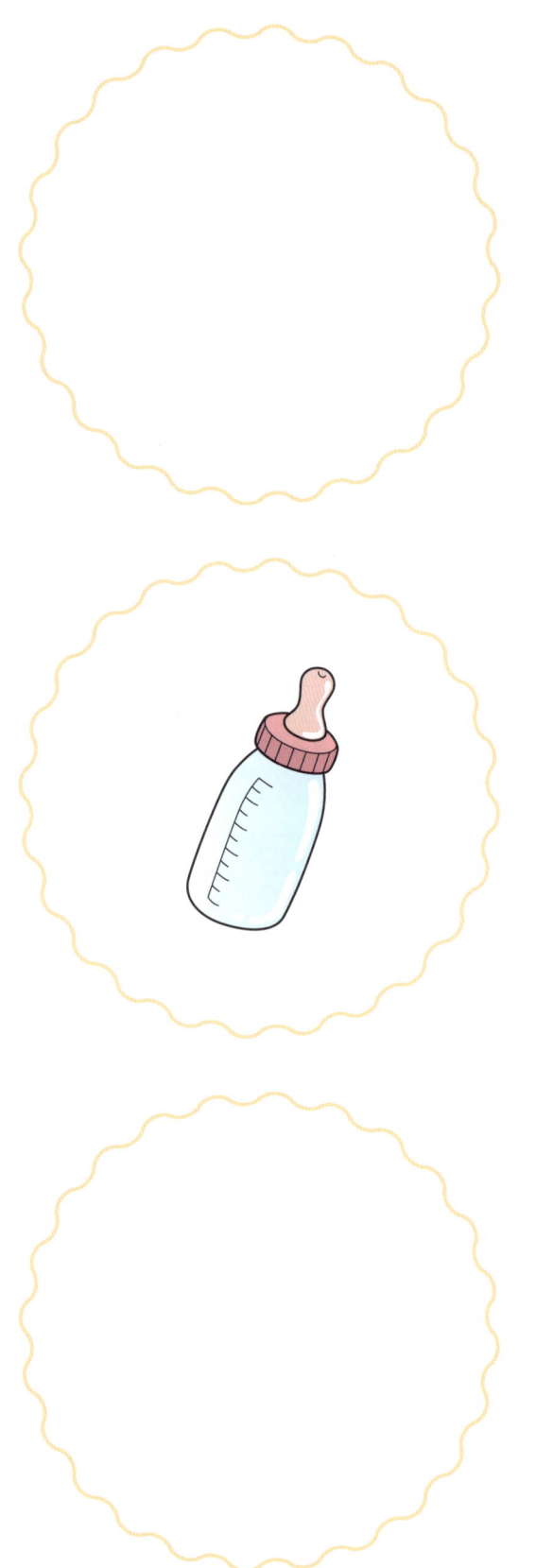

Faça um **X** no conjunto que tem **mais elementos**.

Pinte o conjunto que tem **menos elementos**.

Desenhe nos conjuntos o número de elementos indicados.

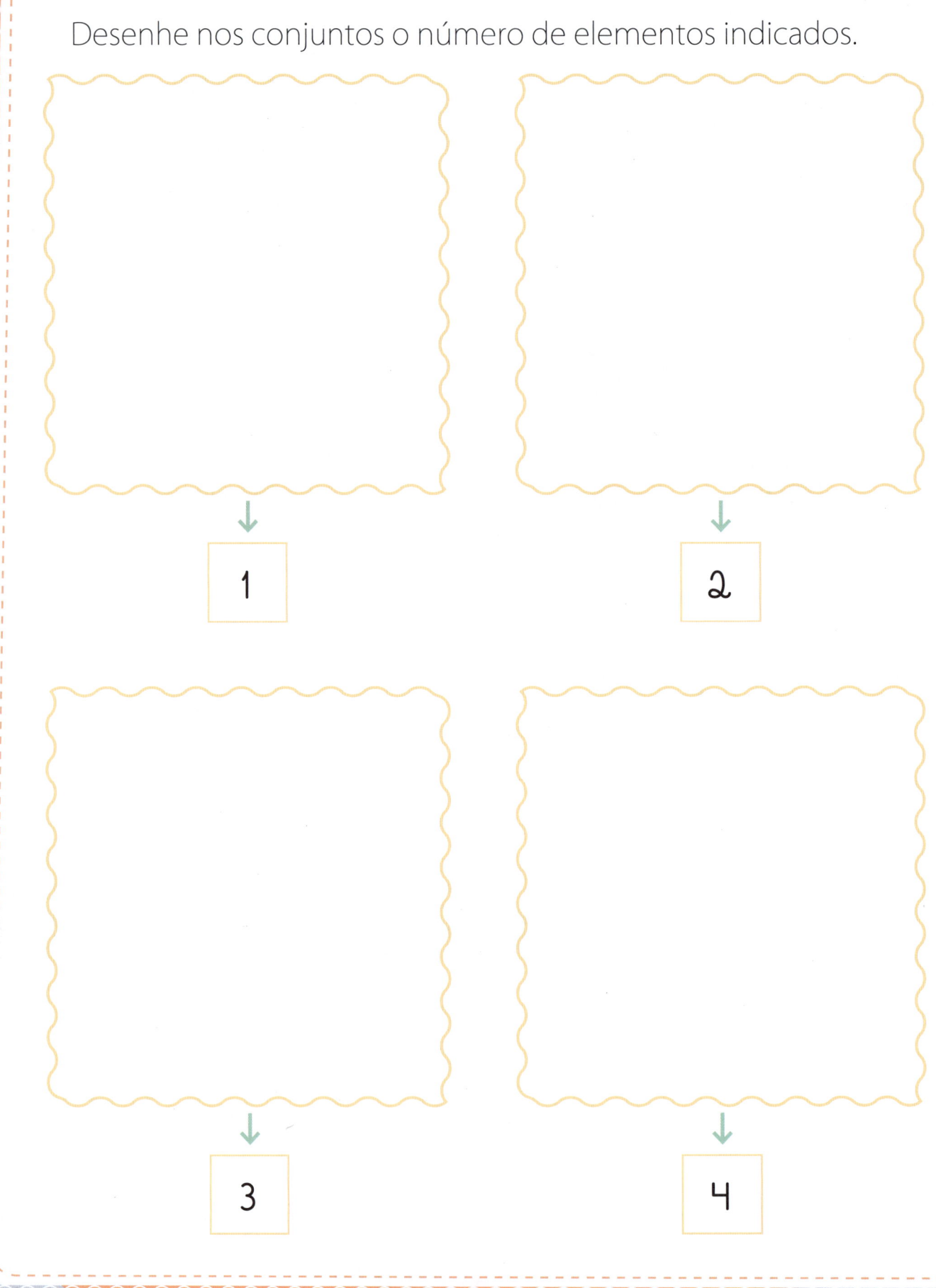